保持——真誠

Stay True

Stay True: A Memoir

Hua Hsu 徐華——著

王凌緯——譯

獻給我的雙親與朋友

目次

唯有未來能給予我們詮釋過去的關鍵；也唯有在此意義上，我們方能談論一種極致的歷史客觀性。歷史的理據與闡釋，既同時使未來能藉由過去理解，也使過去能藉由未來理解。

——愛德華・霍列特・卡爾（Edward. H. Carr），《何謂歷史》（*What is History?*），一九六一年

因為你空虛，而且我空虛
往事你永遠無法塵封

——人行道樂團（Pavement），〈金黃的聲音〉（Gold Soundz），一九九四年

從前，才沒有什麼在車上耗太久這回事。我們只要湊在一起，就會開車到處跑。

我一向會貢獻出我的Volvo。一來這麼做看似既酷又大方，二來這能確保所有人都必須聽我的音樂。我們之中沒人會煮飯，卻都喜歡擠上我的旅行車，來趟前往學院大道雜貨店的壯遊，到那裡大概要花六首歌的時間。我們可以純粹為了買冰淇淋而跨越灣區大橋，沿途賞析一捲全新錄音帶合輯。八八〇公路上有間二十四小時營業的Kmart，是我們有天晚上送某人去機場——極致的友誼表現——在回程時發現的。只為了買些筆記本或內衣褲而在大半夜開半小時的車，絕絕對對值得。偶爾一段寥落嘶啞的熱門曲調吸引了誰的注意。**什麼啊這**？這些歌我之前已經聽了幾百次，但和其他人一起聽——那才是我恭候多時的。

乘客們性格各異。有些人神經兮兮地搶著坐副駕駛座，好像自我意識全然維繫於前座似的。珊米無時不刻在開她的打火機，直到某天下午她讓手套箱著火為止。帕拉格老是取出我的錄音帶，堅持要聽收音機。安東尼，永遠望向窗外。你與他人的接觸大概不會比在擁擠的後座共繫單人用的安全帶還要緊密。

我將父母對視線盲區的恐懼銘記於心，不斷左右來回轉頭，查看兩邊後照鏡、留意鄰道車輛，然後在這過程中偷偷摸摸窺看是否有人注意到人行道樂團（Pavement）比珍珠果醬樂團（Pearl Jam）還要高明許多。我為朋友的人身安危負責，也為他們的感官豐富負責。

我有一張阿健與蘇西在後座並肩而坐的照片，那時我們正要啟程來趟公路小旅行。他們嚼著口香糖，笑著。那趟旅行，除了動身前往某個他方的興奮以外，我什麼也沒記得。期末考結束了，在暑假來到各奔東西之前，我們這幫人在距離柏克萊幾小時車程外的一間屋子裡過夜。那樂趣、那駕駛露營車的渺小危險，有如執行一場祕密任務，在車陣中穿梭，小心地從後照鏡中看見大家還在你身後。若我們是路上僅存的幾輛車，我們要不亂切車道，要不逼近前車。我錄製錄音帶合輯花的時間大概比開車往返那棟屋子還長。我們出這趟門連二十四小時都不到。但睡進睡袋，沒有課堂作業，並在一處陌生異地早晨醒來——有這些帶來的新鮮感，也就夠了。

通常，我不習慣看到阿健坐在後座。有那麼幾個晚上我們開車在柏克萊附近晃蕩，他腿靠車門，雙眼掃視地平線，尋找尚待一探究竟的咖啡店，以及幾間我們滿二十一歲後便能經常光顧流連的偏僻廉價酒吧。

他向來過度盛裝——有領上衣、Polo夾克，就是我永遠不會穿的那些東西——或許那只是表示他準備好來場冒險了。多數時候，我們就花一首歌的時間開車去7-11買菸。

在那年紀，時間流動得緩慢。你渴望著發生些什麼，在停車場打發時間，雙手深插口袋，試著想出接下來該前往何處。生活在他方，而該做的不過就是找出一張指向他方的地圖。又或許，在那個年紀，時光飛逝；你心急地想要有所作為，而當事情發生，卻又忘了去記住。一天像是永遠，一年長若一個地質年代。從大二躍進到大三，暗示你的氣宇和成熟臻至前所未有的高度。從前，你的情緒總是非高昂即低落，除非你無聊到彷佛人類史上從未有人像你那般無聊。我們用力地笑，笑到以為自己會就此死去。我們喝酒，喝到懂得有那麼件事叫酒精中毒——我老是怕自己酒精中毒。我們熬夜，任腦中盤踞狂想出萬事萬物的道理，只是忘了寫下。我們反覆上演肯定會讓我們在餘生中心痛不已的傳奇熱戀。

有陣子，你堅信自己終有一日會寫出最悲傷不過的故事。

——

我記得自己聽著流亡者三人組（Fugees）。我記得空氣中的冷冽。我記得隔天早晨大家各自從房屋的一角現身時，阿健踏上露臺，手裡端著一杯咖啡。**他怎麼會懂得泡咖啡**？我暗自心想。**我也應該要懂才對**。我有一張他靜止不動的照片，他往外看向晨光，眼鏡映照雲彩。他偶爾才戴眼鏡，那讓他看上去嚴肅、成熟——從不書呆。

早餐後——我們究竟有什麼能拿來吃的？——眾人前去一片白色沙灘探險，儘管天氣不佳。我穿戴從二手店淘來的領口磨損圓點襯衫、棕色開襟衫、黃黑條紋毛帽，唯有腳上的灰褐色Vans是在我們有生之年製造的。在一張照片裡，我捕手般蹲著，若有所思地揀著貝殼；阿健站在後面，朝我彎下身軀，歡樂地向鏡頭招手。他穿海軍藍格紋夾克、垮出品味的牛仔褲、棕色靴子。在另一張照片裡，他很酷地占領一塊高聳岩石。

「幫我跟華點（Huascene）拍張照。」他拜託安東尼。阿健故作一派風流，而側身朝向他的我則笑得傻氣。

從前，幾年過去了，你就不會再為拍照擺姿勢。你想都不再想拍照。相機對日常而言過分侵擾了。帶著相機到處晃是件很怪的事，除非你為校報工作，才會使得拍照好像有那麼點不詭異。或許，若你有台相機，用在離開學校前的最後時光、用在派對上、用在大家正在打包收拾那會，則臨時抱佛腳的原理也適用於記錄回憶。假如有人想幫你拍張照，就算那照片注定可笑或顯得你毫無準備，你依然會倉皇整理儀容，再擺個尷尬姿勢，因為那種拍照有個限度，頂多一兩張，再多則顯得過分。一個瞬間流逝，無人聞問，直到幾個月後你沖洗演唱會、生日派對、某個值得記錄的像樣活動照片，你才會順便發現朋友們為出遊做準備的影像，要不就是明顯用來消耗底片的生活剪影。你早已忘記那些瞬間。後來，攝影變得無所不在，照片就是物證，證明你曾切實存在，日復一日。照片能使我們看出某種模式。回頭審視，你懷疑起這些事件的先後順序；若缺失這種物證，你便懷疑是否真有任何事情曾經發生。

From : Oct. 31. 1991 05:24 PM P01

Huth, Here is the answer :

$$y = \underbrace{(1.20 - 0.02x)}_{\text{price}}\ \underbrace{(50 + x)}_{\text{number}}$$

...come

(number of increasing sale)

This year's World series was very exciting. wasn't it? Lot's of speculating play and always down to the last b... at every extra inn...

$$= 60 + 1.2x - x - 0.02x^2$$

$$= 60 + 0.2x - 0.02x^2$$

...aw a graph

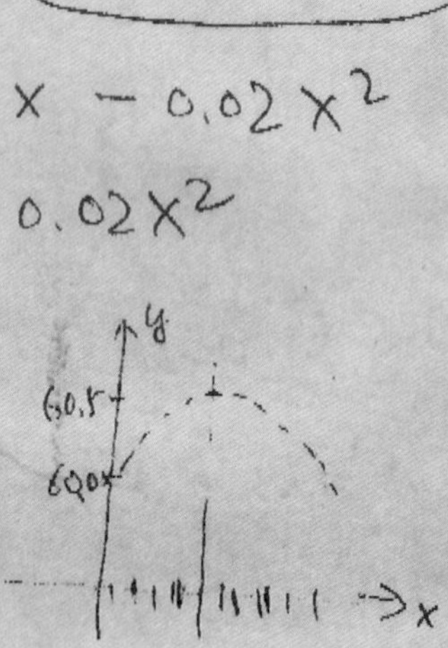

y	X
60	0
60.18	1
60.32	2
60.42	3
60.48	4
[60.5	5]
60.48	6
60.42	7
60.32	8
60.18	9
60	10

At $1.2 - 0.02 \times 5 = 1.10$ per ...

her income will be maximum at 60.5

[$y = 60 + 0.2x - 0.02x^2$]

~~$60.5 = 0.02(x-5)^2$~~

$$= 60 - 0.02(x^2 - 10x)$$

$$= 60 - 0.02[(x-5)^2 - 5^2]$$

Dad

From : Oct. 31. 1991 05:24 PM P01

Huth, Here is the answer:

$$y = \underbrace{(1.20 - 0.02X)}_{\text{price}} \; \underbrace{(50 + X)}_{\text{number}}$$

(X = number of increasing sale)

come

This year's World series was very exciting, wasn't it? Lot's of speculative play and always down to the last b… at every extra in…

$= 60 + 1.2X - X - 0.02X^2$

$= 60 + 0.2X - 0.02X^2$

…w a graph

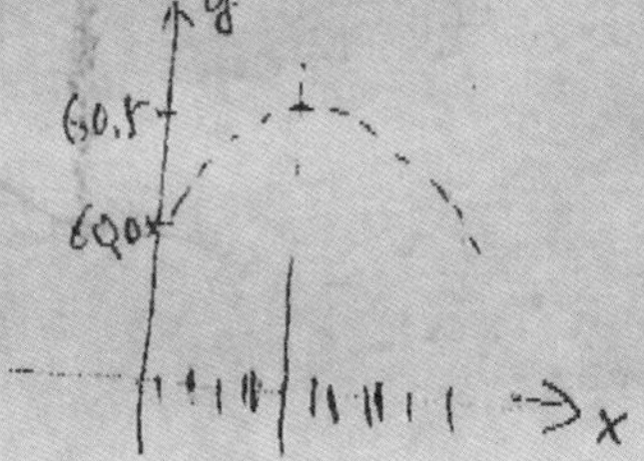

y	X
60	0
60.18	1
60.32	2
60.42	3
60.48	4
60.5	5
60.48	6
60.42	7
60.32	8
60.18	9
60	10

At $1.2 - 0.02 \times 5 = 1.10$ per ice her income will be maximum at 60.5

$y = 60 + 0.2x - 0.02x^2$

$= 60 - 0.02(x^2 - 10x)$

$= 60 - 0.02[(x-5)^2 - 5^2]$

Dad

我父親搬回台灣時，我家買了兩台傳真機，理論上是買來讓父親能教我數學作業。當時我剛升上高中，而從我玩的樂器，乃至成績單上的面面俱到，一切似乎隨著升上高中而意義重大起來。早前幾年，七年級時，我的數學成績**恰好**能讓我跳過兩年課程，如今我則為此付出代價。我過早少年得志了。其實我數學很爛。一如推崇教育的諸多移民，我父母也相信孩子應該精通科技領域專業，好比科學，其解答不容詮釋餘地。你沒辦法歧視正確答案。但我比較喜歡把時間用來詮釋事物。

傳真比長途電話便宜，壓力更是減輕許多。傳真沒有停頓、浪費的緘默。你只需要撥通收件人，把一張紙餵進機器，一份謄本就會在世界另一端列印出來。庫比蒂諾（Cupertino）與新竹的時差剛好讓我能在傍晚傳真一個問題給父親，並預期自己醒來時就能收到答案。我的回家作業委託總是被標示為緊急事件。

他在紙邊留白處仔細解釋幾何學原理，並為任何可能倉促含糊之處道歉，因為他當時忙於在新崗位上證明自己的能力。我略過解釋，抄下答案與證明。偶爾，我會在下一組數學題之間穿插一些美國新聞摘要來犒賞他的迅速與用心：我告訴他魔術強森聲明自己是ＨＩＶ帶原者[1]，描述引發洛杉磯暴動的事件[2]，並讓他跟上舊金山巨人隊（San Francisco Giants）命運的最新動向[3]。我跟他聊起越野賽跑，並真摯地承諾會對課業更用心。我列出我喜歡的新歌，這樣他就能去台北的錄音帶攤找來聽，然後跟我說他也喜歡哪些歌：

我喜歡槍與玫瑰（Guns N' Roses）的〈十一月的雨〉（November Rain）。金屬製品

1 小艾文・強森（Earvin Johnson Jr., 1959-），又稱魔術強森（Magic Johnson）是洛杉磯湖人隊（Los Angeles Lakers）的傳奇控球後衛，該聲明發布於一九九一年十一月七日，強森亦於該日宣布正式退休。

2 一九九二年四月二十九日，四名被控執法使用過當武力的白人警察被判無罪，引起非裔與拉丁裔社群不滿並上街抗議，隨後演變為長達三天的失序暴動。四名警察於前一年三月三日，對一名酒後危險駕駛因而違反假釋條件的非裔男性假釋犯，一共射擊兩次電擊槍、揮動五十六次警棍。

3 一九九二年賽季後，巨人隊由於興建新球場的資助提案又未通過，球隊老闆準備將球隊賣到佛羅里達州，引來多方經營團隊磋商斡旋。

合唱團（Metallica）也很棒。我喜歡不了嗆辣紅椒合唱團（Red Hot Chili Peppers）跟珍珠果醬。瑪麗亞・凱莉（Mariah Carey）翻唱的〈我在你身邊〉（I'll Be There）跟麥可・波頓（Michael Bolton）翻唱的〈去愛一個人〉（To Love Somebody）都棒極了。MTV的「不插電」系列真是好點子！

身為青少年，比起跟老爸互相傳真，我根本還有更好的事能做。他緊緊揪住我提及的任何細節，回以接二連三的問題砲擊。我說某一堂課無聊，他便質問我的措辭用意，並評論說「很多『挑戰』都是情感上『無聊』但理性上『有用』的」。我提起歷史課正教到一九六〇年代歷史，他便問：「你相信奧斯華[4]是自己一個人去刺殺小甘迺迪的嗎？」

他老是問我對事情的想法。或許他是在試圖延長我們的傳真往返。他會聊起運動，但我並不覺得他對這話題有半點興趣。我們好似在五金行閒聊起來的兩名男子。

紅人隊（Redskin）對比爾隊（Bill）來說太勉強了嗎！？

紐約尼克隊（Nick）如何？

喬丹對巴克里（Buckley）！[5]

這次世界大賽（World Series）太精采了。

每當學校放整個星期的假，我媽跟我就會飛回台灣找他。有時候我會想辦法讓自己看起來一心向學，或許這麼一來會使他過來灣區找我們變得比較合理，而不是我們大老遠飛回去。這招從來沒用。我們在台灣度過寒暑假；到了那時我能說話的對象只有我的

4 李・哈維・奧斯華（Lee Harvey Oswald）是美國警方認定刺殺小甘迺迪的刺客，但是他在移監時遭傑克・魯比（Jack Ruby）暗殺，使小甘迺迪之死遂成史上大謎團。

5 作者的父親忘了將紅人隊與比爾隊寫成複數型（即Redskins、Bills），也將尼克隊（Knicks）隊名與籃球球員巴克里（Barkley）姓氏拼錯。

父母與他們的中年朋友，幾週就這樣過了。

我老是害怕這樣的假期。我不懂為什麼爸媽想回一個他們當初選擇離開的地方。

——

我父親在一九六五年離開台灣來到美國，當年他二十一歲；而等他再次踏足台灣，年紀已將近離開時的兩倍。在那年代，你要是有能力離開台灣就會離開，若你又是個前途無量的學生尤是如此。跟他一起從東海大學畢業的物理系學生有十幾人，這當中有十個人後來都在海外發展。我父親從台北飛往東京轉機至西雅圖再飛往波士頓。他環顧人群，尋找一位從普洛維登斯（Providence）來機場接他、準備把他載往阿默斯特（Amherst）的朋友。但那位朋友不會開車，所以他答應請一個我爸不認識的男生吃頓午餐，藉以交換一趟先到波士頓機場、再去阿默斯特、最後返回普洛維登斯的車程。這兩個年輕男生在登機口迎接我父親，他們互相拍了拍背，匆匆帶我父親上車，後車廂裡載的就是他的全部家當——大多是教科書與毛衣。他們接著前往波士頓唐人街，一道返回他們所拋下世界的傳送門。要開幾小時車去機場接人，同胞情誼與善意已經是夠好的理由；其重要性正如機場附近有著你在美國東北的小型大學城找不到的食物一般。

接下來幾年，我父親這位離家老遠的志願流放者，獲得了可能讓他被承認為美國人的種種特徵。他住紐約，見證並參與了學生運動，而根據攝影物證，他一度留著長髮，穿的長褲隱約算潮。他剛到美國時還是古典音樂愛好者，不出幾年他最愛的歌曲已換成動物樂團（The Animals）的〈日昇之屋〉（House of the Rising Sun）。他曾極其短暫地訂閱《紐約客》（*The New Yorker*），後來他才明白該週刊不是面向他這種新住民的，並要求退費。他發現了披薩與蘭姆葡萄冰淇淋的魅力。每逢新一批大學畢業生自台灣而來，他與朋友就會坐上手邊最唾手可得的車去接他們。這是一種儀式，一種自由——開車上路以及可能去吃頓好料的自由——不容錯過。

當時的美國人要是對台灣有什麼認識，便是台灣作為一座鄰近中日的無名小島，製造並外銷便宜的塑膠玩意。我母親還小時，外公在家裡廚房架了一張用來讓他寫下英文每日一字的黑板。二戰中斷了我外公的醫科學業，於是他考了公務員。他對孩子們的要求高了那麼一些。外公讓我媽與她的手足們選了美式名字，比如Henry或Carol。孩子們全都習得英文基礎，這種古怪的新語言，或許能讓他們說出一個新未來。他們訂閱《生活》雜誌（*Life*）來認識英語世界的其他部分，我媽是在雜誌裡首次發現美國有種叫做唐人街的東西。

當她在一九七一年抵達美國（台北—東京—舊金山），前來迎接她的家庭相當上道，等了一天讓她從長途跋涉平緩過來，才帶她出門吃中國菜。她當時正準備去密西根州立大學研讀公共衛生。就在她抵達東蘭辛（East Lansing）不久，房也租了、課也上了、不可退貨的教科書也買了一大堆，她收到一通來自父親的訊息。搞了半天，就在她前往密西根之際，一封信寄到台北家裡，通知她被伊利諾大學厄巴納香檳分校（University of Illinois at Urbana-Champaign）錄取——她的第一志願。因此我母親向密西根州立大學討回能討的學費，連忙趕往伊利諾州。

一九六〇年代，來自整個中文世界的學生社群在這種相對偏遠的小型大學城裡數見不鮮。他們多數人已經適應了四季的更迭、不一樣的玩笑話風格、綿延起伏的平原和沒有盡頭的高速公路。學校將我母親綁在中西部，她卻仍能自由闖蕩：一份在坎卡基（Kankakee）某社區中心的打工，那裡只有她不是黑人——那是她首次就近窺見美國的族群分裂；某個暑假去當服務生，她在那裡每天午餐都吃冰淇淋。但她有些同學無法應對這種生活情境的徹底翻轉、甚至於付之闕如。他還記得有個女生完全不去上課，只是在校園裡亂晃來消磨時間。這名四處遊蕩的女生就算在酷暑的最高峰，依舊穿著她最厚重的冬季大衣。其他台灣學生人人都與她保持距離。

研究所生活中，我媽會與朋友相約一人一菜小聚，那時她會做獅子頭；她也會來趟公路旅行，造訪知名景點或是有賣青江菜的雜貨舖；她也與舍友們過著往來熱絡的宿舍生活。你只要看到大同電鍋就能認出台灣學生。我媽畫過畫，大多是抽象、超現實、並未透露明確心境的彩色圖案。我後來曾問她畫這些畫時是否嗑了藥，她保證自己當年從來沒吸過大麻，儘管她依然記得大麻聞起來的味道。

我父親在麻州大學阿默斯特分校讀了兩年書後，轉學到哥倫比亞大學，從那裡再隨指導教授前往伊利諾大學，那裡就是我父母邂逅之處。他們在校園一處學生中心結婚；假如他們住得離最近的唐人街少於三小時車程，他們也許會去餐廳辦婚宴。我的舅舅是新人雙方家族中唯一能到場的人；他作為商船隊員離開台灣，最後在維吉尼亞州落腳。起碼他們還有朋友。有位朋友是藝術家，他在紙板上畫了史努比跟糊塗塔克，布置在學生中心外的草皮上。每個人都帶了他們最愛的料理赴宴。

——

移民議題往往從推拉理論角度來探討：有些事物將你推離家鄉，另一些事物則將你拉去遠方。機會在一地乾涸，又在另一地湧現，你則跟隨通往看似更好將來的應許而遷徙。移民旅程有各種版本，能往回推算數百年、路徑連得出每一道方向。

十九世紀的英國人與中國人曾是親密的貿易夥伴，英國人以白銀交易中國的茶葉、絲綢與瓷器。但英國人想占貿易優勢。他們開始在印度種植鴉片並輸入中國，接著再轉手給走私商販於中國全境販售。中國最終力圖擺脫這種成癮物質，此舉激發英國唯恐中國港口終有一日不再向他們開放。接踵而至的鴉片戰爭蹂躪了中國東南方，是時恰逢美國西部產生廉價勞工需求。一八四〇到五〇年代，一船又一船的中國男子受工作前途所誘，離開遭戰亂肆虐的廣東省前往美國。他們鋪設鐵路、開採金礦，只要有地方需要人力他們就去。然而，這也就是他們行動力的極限了。他們受繁複苛刻的移民法條與社會壓力所迫，被隔離於城市最破落的區域——而且缺乏返鄉的方法（有時則是返鄉的欲望）——於是他們開始營建自給自足的唐人街，以餵養、保護、關懷彼此。到了一八八〇年代，美國經濟不再需要廉價勞工，催生出往後數十年限制中國移民的排外政策。

這些推力與拉力在一九六五年的《移民法案》鬆綁自亞洲入境的限制時仍在發揮其效力，起碼還在影響可能為美國社會做出實質貢獻的亞洲人。當時決策圈有種觀點是，美國的科學與創新在冷戰技術競賽中逐漸屈於劣勢，便開始歡迎像我父母這樣的大學畢業生。而且又有誰知道留在台灣會有什麼樣的未來？這新世界裡一切都看似持續上揚走高。我父母之所以受美國吸引，並不是出於某個明確的未來夢想，無非只是把美國當成一個帶來改變的機會罷了。就連在當時，他們也已經明白美國生活就是無邊無際的許諾與偽善、信念與貪婪、一套又一套全新的樂趣與自我懷疑、因奴役方得以實現的自由。種種一切同時上演。

—

我父母的蜜月是一段從伊利諾州到東岸的漫長公路之旅，他們沿途隨手拍照。這趟旅程的唯一真實描述，都是他們靈光一現才想起來的，因為他們的汽車在曼哈頓的光天化日之下遭人破窗行竊，未沖洗底片都因此悉數遺失。

我一九七七年在厄巴納香檳市出生。我爸曾經想當教授，但他找不到學術工作，之後我們就搬去德州，他在那裡當工程師。達拉斯的郊區為我們提供了寬廣空間，人是會在那種遼闊中迷失的。幾年前，我找出一張脆化泛黃、能追溯至一九八〇年代早期的小紙片——一則我媽從當地分類廣告欄收回的廣告啟事：

中式烹飪課程——學習利用手邊現有的食材與工具烹飪異國料理。每堂課十二美金。詳情請來電：八六七—〇七一二，徐太太。

從來沒人打電話過來。當時我講話還慢吞吞的，討著要牛仔靴跟美式名字。而在當地牛排館對他們說「這裡不是給你們這種人來的」以後，他們就決定往別的地方碰碰運氣。

我父母以往的住址就是一部友情與人脈史：誰家閣樓的客房、在他們只聽說過卻沒實際見過的家族朋友那裡暫住、幾小時車程外的小城暑期兼差、某個陌生新興領域的工作機會。他們仔細考量了朋友、中國菜、優良學區、養老院的鄰近程度，就沒那麼憧憬大城市了。所以繼德州之後，要不是去德拉瓦州就是加州，而他們選了加州。

我們一九八六年抵達庫比蒂諾時，該城尚處於轉型階段，有著廣大的工廠都心、農田、幾棟看似玩笑的蘋果公司大樓。當年還沒有人用蘋果電腦。

郊區悠哉地占領空間，作為城市那令人不適稠密度的替代選項。郊區的發展猶如擺脫歷史本身那樣，給人此處以前空無一物的錯覺。但這份寧靜的幻象從細微之處分崩離析：修剪俐落的草皮、無人踏足的嶄新人行道、使一座自治市不致消融進鄰市而打的聖戰，要將這些事情通通打理妥貼，講究的是一種神經衰弱。郊區透露出穩定與順從，卻又鮮少受制於傳統。倒不如說，郊區是可以為了滿足新抱負而隨時被擦乾淨的一片片白板。

當矽谷在一九八〇年代末至一九九〇年代初蓬勃發展之際，有更多亞洲移民遷入像是庫比蒂諾這樣的地方。我的祖父母輩全都從台灣搬遷到南灣（South Bay）來，我父母的手足也大多在該地安家。台灣所代表的不過是位處遠方與想像當中的前故鄉。矽谷郊區的轉型過程，依循的是一條蜿蜒、漸變的路徑；步入下坡的企業因新一波移民而改頭換面，帶狀購物中心開始一間間地變成人擠人的小島，提供中國菜與不對稱的新潮髮型。那裡有珍珠奶茶店與彼此競爭的中文書店，停車場被改裝過的本田汽車（Honda）和戴著全臉遮陽帽與駕駛用長手套以期保持皮膚白皙的媽媽團團成迷陣。

先前矗立的遺跡依舊，利用與再利用的循環上演：櫻桃樹巷原本真的有一座果園，這可能一度是利用無主地的最佳方案；有著尖拱屋頂的前時時樂餐廳（Sizzler）變成港點樓；俗氣的火車車廂簡餐店變成麵店。香港與台灣的主廚們搭上工程師浪潮來到加州。吸引非華裔購物或用餐顧客的壓力在偶然間消失了。「主流」的概念不再為人信奉。雞脖子與雞腳與各種膠凍狀的玩意、最新台灣電視劇的錄影帶、中文報紙與書刊——這些生意都不再僅能圖個溫飽而已。

當我媽抱怨起更晚來到的中國移民——他們在亞洲食品雜貨店到處把購物車留在停車場原地的那副德性——我才意識到我父母已經離開台灣多久了。一九七〇年代來的台灣移民，以及一九九〇年代從中國來的某人，在華僑社群以外的任何人看來大概都是無從區別的——兩者外表約略相同，講話也大概都帶有口音。但雙方與美國文化的關係、以及融入美國文化的哪一部分，還是有所差異。這群禮貌欠佳的新移民，大概連這片區域一度只有那麼一間亞洲食品雜貨店，而且這間店過去甚至沒那麼好買，再加上你還必須開半小時車才能到都不知道。

——

從我父母早年節儉生活倖存下來的物品當中有破舊的平裝版暢銷書《未來的衝擊》（*Future Shock*）與《五角大廈文件》（*The Pentagon Papers*）；一小冊西奧多．艾倫（Theodore Allen）的論文《階級鬥爭與種族奴役的起源：白種人的發明》（*Class Struggle and the Origin of Racial Slavery: The Invention of the White Race*），封面上寫著「C. HSU」；一本關於尼克森訪問中國的書，還有一本寫非裔美國人歷史的書。為拼寫簡短起見，我父親隨便取了個英文名字，要大家叫他Eric，不過他很快就發現自己並不適合那種程度的同化。或許這就是在美國生活的意義：你能到處移動，這裡帶給你的機會無法在故鄉獲得，你會讓自己改頭換面成為一個上教堂的人、披薩愛好者、古典音樂迷或巴布．狄倫（Bob Dylan）迷，只因為社區裡每個人貌似都是達拉斯牛仔隊（Dallas Cowboys）粉絲所以你也是。你能選擇你想要的新名字，也能隨意將孩子依美國總統命名；要不也能把他們的名字取得難以發音，反正他們永遠當不上總統。

從阿默斯特到曼哈頓到厄巴納香檳到普萊諾（Plano）到理查森（Richardson）到米申維耶霍（Mission Viejo）再到庫比提諾——這一路上我們家裡總是有著唱片、一架父親自己焊接組裝的唱機、一對戴納通（Dynatone）喇叭。父親一到美國就馬上建立個人音樂收藏。剛開始他用過郵購LP俱樂部，這種方法既能讓你買貴幾張LP，又能用一分錢買到十幾張。他當時大部分買的是古典樂。不過大概在一九六〇年代的某時，巴布．狄倫那緊繃嘶啞的暴吼不時從某個鄰居家傳來，讓他聽到習以為常。他也開始購買狄倫的唱片，學習欣賞那尖細而古怪的唱腔；或許就算他已經開始聽懂歌詞，還是更能欣賞那種唱腔。

他的唱片會盡量放進原本的膠膜中保護，以避免遭唱片紙套磨損。他還會掀開背面膠膜，蓋上姓名印章——徐中時。多年下來，有些唱片他已經送人了，但核心收藏維持不動：狄倫、披頭四與滾石合唱團、尼爾・楊（Neil Young）、艾瑞莎・弗蘭克林（Aretha Franklin）、雷・查爾斯（Ray Charles）。他有幾張誰合唱團（The Who）、吉米・罕醉克斯（Jimi Hendrix）、平克・佛洛伊德（Pink Floyd），還有幾張摩城唱片（Motown）選集；大量古典音樂；盲目信仰樂團（Blind Faith），只因為我父母還是研究生時，一位來自西印度群島的年長教職員在晚宴上拿出小提琴，拉起〈歡喜之海〉（Sea of Joy）裡的獨奏。收藏裡還有約翰・藍儂（John Lennon）與喬治・哈里森（George Harrison）個人專輯，但沒有任何一張保羅・麥卡尼（Paul McCartney），所以我猜他的後披頭四生涯滿糟的；此外也沒有海灘男孩（Beach Boys），這代表他們大概也很糟糕。他的收藏中沒有爵士樂，例外唯有一張封膜未拆的索尼與琳達・沙洛克（Sonny and Linda Sharrock）專輯。他們太常播〈顫慄〉（Thriller），頻率高到我還以為麥可・傑克森（Michael Jackson）是我們家的朋友。

父親的唱片收藏對我產生的影響，只是讓我覺得音樂好像沒有很酷；那是某種大人們嚴肅以待的玩意。他聽槍與玫瑰，而我在收音機上聽的是籃球賽。他是會在一捲錄影帶上錄好幾小時ＭＴＶ的那種人，然後他會將新發現去蕪存菁，另外錄成一捲最佳金曲錄影帶。他是總想去淘兒唱片（Tower Records）逛逛的那種人，然後在貨架上精挑細選他最愛老歌的任何新格式版本。他會買《滾石》雜誌（*Rolling Stone*）與《旋轉》雜誌（*Spin*），仔細抄下裡面開的年度或十年最佳專輯清單，接著找起他認為自己會喜歡的那幾張。

當我開始上中學，我馬上意識到老爸買唱片這件事，早已為我做好準備，讓我在下課時間躋身社會階序上層。我開始看MTV，在電臺上聽音樂，熟悉年代夠早的歌曲，讓我看起來絕非不懂裝懂——那是我甚於一切的恐懼。我靠著讀老爸的雜誌、背誦樂團名稱、典故、冷知識，習得了青少年最可靠的素養：流行音樂排行榜的真知識。如今我不請自至地參加他晚飯後的唱片行之旅。我們會大概各自逛個幾小時，偶爾在某些出人意料的走道相遇。所有事物看起來都像一種可能、一條線索、一張邀你體驗空前新鮮情感實境的請柬。我們雖受相同的音樂吸引，音樂卻對我們展現相異的面貌。我聽史萊許（Slash）[6]在〈十一月的雨〉中誇耀鋒利的吉他獨奏，聽到的是解放，流露一種迷亂忘神的眼界，讓你不能自已。對我父母來說，史萊許的偉大所彰顯的則是他的高超技巧，亦即成千上萬小時研究與練習的產物。

矽谷的發展於一九九〇年代早期突飛猛進，台灣的半導體產業亦如是。我父母的朋友們不久便在睽違數十年後搬回台灣，並同時打點位於兩地的家，好讓他們的孩子能在美國念完高中並升上大學。一九八〇年代末，我爸在美國升上中階主管，但在美國，進入高層的升遷管道似乎沿著隨機外力轉彎，好比一個人的膚色與他嗓音中的細微震顫，這現象讓我爸心生厭倦。我父母最終決定讓老爸也搬回台灣，那裡有一份管理職位在等著他，他從今往後不再需要染髮或碰高爾夫球桿。我們就買了兩台傳真機。

有時在機場撞見同學，我就明白大家都是來送爸爸去上班的。我們同樣住在美國唯一一座讓這種事解釋起來不費功夫的城市。這件事解釋起來有一點點像是「金山」的故事——一則自淘金熱以來歷久不衰、講述美國就業前景的中國傳奇；只是在過去，男人們之所以橫渡太平洋，都是為了到美國找工作，而非朝反方向移動。

---

6 Slash，本名索爾・哈德森（Saul Hudson, 1965-），是槍與玫瑰樂團的傳奇吉他手，曾於一九九六年退出槍與玫瑰，另組樂團並發行個人專輯，後於二〇一六年回歸。

第一代移民腦子裡想的都是生存，後來的人便負責講故事。我時常設法把父母生命的細節與瑣碎影響彙整為一套敘事：他們怎麼習得品味，或是決定該看哪部電影？他們在《未來的衝擊》書中的哪裡照見他們自身？誰又是那位在我父親生命中舉足輕重的Eric？他們周遭的事物宛如塑造美國新身分用的素材，車輛或地鐵線路能帶他們到多遠，他們就去多遠採集這些素材。在過去，回家需要一小筆盤纏外加數個月的仔細計劃。光是預約一通長途電話，並確保起碼有一位家人會在線路另一端待命，就得花上好幾個星期。

他們來到比亞洲學校優越許多的美國學校求學，儘管這種瘋狂追求的回報尚未明朗。他們選擇的是偶發的寂寞、曲折的生活方式、語言障礙；他們沒有選擇的是自我認同為亞裔美國人——一種直到一九六〇年代晚期才被發明出來的身分類別。他們與出生於美國、在校園另一頭為言論自由或公民權而組織起來的華裔或日裔學生沒有多少共同點；他們對《排華法案》（Chinese Exclusion Act）、陳查理（Charlie Chan）[7]，或者為何該將「東方佬」（Oriental）或「中國仔」（Chink）這類謗語視為強烈冒犯知之甚少。我父母與他們的同輩不會承認自己是「模範少數」（model minority）的代表。事實上，他們甚至沒有成為美國人的打算。他們只是不明白自己可以獲得這種身分，而忠誠則保留給他們拋在身後的那個世界。

那些越洋電話的聲音，在當年肯定是何其甜美，猶如音樂。他們離鄉背井進入一個截然不同的世界，有的只是最模糊的返鄉計畫，那份心境會是如何？缺乏可用聯絡管道之下，他們緊抓不放的故鄉是想像的台灣，作為一個抽象概念——一座燈塔、一條幻肢——甚於一座實際的島。當年可用的科技只能在特殊節日把他們送回台灣，於是他們在同學臉孔上找尋家鄉的痕跡，在採買食品雜貨時從人聲嘈雜上空聽出家鄉的殘響飄蕩。

而今我的父母能夠隨心所欲來去自如。我母親在一九九〇年代花了大把銀子搭飛機。他們重新認識起台灣。我們住在新竹，一座靠海小城，桃園機場往南約四十分鐘車程，主要以狂風與貢丸聞名。當時的新竹依然緩慢寂靜，只是多了一片高速公路旁的大

7 陳查理是美國作家厄爾．畢格斯（Earl Derr Biggers, 1884-1933）筆下的華人偵探，是一九二〇年代後期在美國家喻戶曉的代表中國人的典型人物，尤其拍成電影搬上大銀幕後，其癡胖、滑稽、留著八字鬍，說著一口洋涇濱英文，還會說上幾句「孔子曰」似是而非的格言的印象深入人心。

型高科技園區，裡頭入駐每一間半導體公司總部，而巨型商場開始在市中心拔地而起。

我父母週末會開車去台北，探索他們還記得的一九五〇到六〇年代老茶館與電影院。他們並不需要地圖，數十年光陰並未磨滅他們的記憶，讓他們忘記是哪攤包子最好吃。我父母在台灣變年輕了，那裡的濕度與食物讓他們變了個人。一家三口坐在老舊木凳上默默吃著碗公盛的牛肉麵時，我就個像來攪局的；若把這場景搬到美國，就能觸發他們來段憶往兒時的浪漫獨白。

我每年待在台灣兩三個月。我總是堅持聽ＩＣＲＴ由凱西・凱森（Casey Kasem）主持的《美國四十大金曲榜》（*American Top 40*），節目裡提供的每週快訊來自一個我比較認得出來的現實世界。我父母在青少年時期聽ＩＣＲＴ留下了美好回憶，當年這個電臺尚為美國軍中廣播（Armed Forces Network）的分臺。父親對新音樂的興趣隨著時間流失，而聽排名倒數只是我想跟他搭上線的嘗試之一，企圖讓他想起他或有一天會重探的美國輝煌。我花了一陣子才明白：從此刻起，我們的生活就是這樣了——我的父母必須努力工作，好在兩邊世界都有安身之處。成為美國人流為一份未竟事業，而父親的唱片收藏開始像是一條遺棄道路上的殘跡。

與移民經驗密不可分的自我精進有其目的性。還是青少年的我忙於校園報社或辯論社，我覺得自己能在這些領域獲得實際進步，有別於數學或科學。你一翻開父親的老舊物理學筆記，便打從骨子裡明白，這些公式與圖示永遠不會讓你看懂。但某天，你留意到父母講話帶有輕微腔調，而且不懂什麼叫被動語態。下一世代總會獨自習得技能——用來對抗上一代的技能。在語言占上風看似是超越他們的唯一方式。家庭生活成為某種隨口興訟的場景：沉著冷靜的孩子，講著活蹦亂跳的句子，用問句布下陷阱；疲乏惱怒的雙親，當著母語者的面只得默認。

我跟老媽在一起的時間很長。她開車載我繞遍南灣，去上大提琴課、參加越野跑步例會與辯論競賽、逛唱片行，並在我以生活雞毛蒜皮小事娛親時聆聽。作為回報，只要她去買衣服或鞋子，我都會帶上一疊雜誌耐心等候。不管我從圖書館借什麼怪電影回來她都看。她教會了我怎麼刮鬍子。每週五，我們都會去當地商場維科（Vallco），從西爾斯百貨（Sears）一路逛到美食廣場吃晚餐。她說，假如店裡有人想跟你搭話，你就回答：「我只是看看」，態度盡量爽朗，如此一來他們就會放過你。我會對她詳細說明大家在學校都穿些什麼，接著一起研究該上哪才能買到。

移民之子都會有那麼個瞬間，領悟到你與父母同時之間都在與此地同化。我後來意識到，我跟我媽逐一店面精挑細選所要找出的，無非是某些未來可能——我們兩人都受同一套時尚、潮流、語言碎片蒙蔽。我意識到我與老爸在深夜唱片行之旅所做的，總是探索而非精進。到更後來我終於承認，大體來說的文化同化，是一場奔往地平線的競賽，可是那條地平線並非固定不動。同化的理想目標不停變動，而你的口音總是不可能稱得上完美。同化是作為契約販售給你的一系列妥協。同化不是一個能解決的問題，就只是一個問題。

——

我跟其他幾百萬人一樣，是在一九九一年聽超脫樂團（Nirvana）的〈就像少年味〉（Smells Like Teen Spirit）的時候，首度領會所謂的「另類」文化。那年我十三歲。我會認為那是我聽過最傑出的歌曲，泰半是由於那是我自己選中的第一首傑出歌曲。

我相信自己碰巧比其他人還早發現一個祕密，這種感覺令我不可自拔。有天深夜我在電臺上聽到這首歌，隔天竟然沒人知道我在說什麼。當時連MV都還沒出來。我耐心地等待《從不介意》（*Nevermind*）專輯發行。

當時，我還不知道「另類」是一種行銷概念，也不知道超脫樂團在《從不介意》之前早就發過一張專輯；至於《從不介意》是唱片大廠之間競標商戰的產物，我更是一無所知。我唯一的指引就是興奮感。我還記得初次聆聽這捲專輯錄音帶時，我直盯著錄音機卡座，讚嘆著專輯裡竟能一首歌比一首歌還要好。他們選來表達自我的方式也讓我入迷：他們用層層堆疊的凶惡噪音或不懷好意的咆哮，破壞本質上引人入勝的原創歌曲。我仔細研讀我能找到的所有與超脫樂團相關的報刊文章，抄下他們提及的其他樂團。我還寫了一封信，寄往錄音帶附的小冊裡所記載的粉絲俱樂部地址，表達我對他們價值觀的獨到見解。

超脫樂團曾經是一個來自美國落魄地帶、相對冷門的樂團；接著，每個人都大徹大悟。學校裡的孩子穿起一模一樣的超脫樂團T恤上學，黑底上印刷黃色膨脹油墨。這種徵兆，難道是說所有人可能守護同一份祕密嗎？難道是說我們能依自己的形象重塑世界嗎？

超脫樂團之所以吸引我，大概是因為他們看起來不像一群蠢材。他們能讓ＭＴＶ裡的其他人都顯得野蠻粗俗，頓時淪為無關緊要。主流搖滾樂能與美式男子氣概光譜上從風流小丑乃至嚴肅炫技者的有限色階相符。超脫樂團代表的卻是除此之外的一切；那種光譜周圍的疆域是無邊無際的。主唱寇特・科本（Kurt Cobain）還年輕時，讀到一篇寫龐克搖滾的文章，認定龐克就是屬於他的音樂類型。當時是一九七〇年代中期，距離他聽到任何龐克唱片尚有一段時日。他後來回想自己實際聽到龐克時失望了，那種音樂並不如他曾經想像的那麼挑釁或帶有生命力。他自行想像出的龐克搖滾推進了超脫樂團的事業。他不顧一切似地想重新帶領才剛找到的粉絲愛上他所愛的音樂：少年小刀（Shonen Knife）、雨衣樂團（The Raincoats）、凡士林樂團（The Vaselines）。他帶領我們走上一條小徑，對我們指出路旁的地標。四處探尋其他另類疆域，開始成為我的生存理由。

自然而然地，太多同學穿超脫樂團T恤的那一天來臨了。所有人要怎麼能對同一個局外人產生認同？那並非樂團的錯。科本對自己的名聲貌似漫不在乎、甚至抱持敵意。我不能因為那些強加於他的青睞而責怪他；再怎麼說他都長相俊俏，還有領袖魅力。但我確保自己永遠不會像公民課上那些不懂裝懂的人，才剛哼起〈就像少年味〉，隨後卻唱出「就像／少年味」——大家都知道那首歌的詞才沒寫這句。

我開始製作一本小誌（zine），因為我聽說那是種很容易從樂團與唱片廠牌那裡得到免費CD的方式；不過那也是一種尋找同好群體的方式。我的世界觀以音樂定義。我將自己養出一種平凡渺小、敏感尖酸、質疑一切卻又暗中熱情奔放的姿態。我翻遍唱片行與郵購目錄，找出各種聽來既安靜又吵雜的七吋單曲唱片。我以為自己有很多事想說，可是真的該說些什麼時卻又感到膽怯。製作自己的小誌，是我描繪全新自我輪廓、寫活一個全新人格的方式。我相信自己可以把大量複印圖片、短文以及少許剪報重新編排成一個實在真切的我。那是一種關於可能未來的夢想——會因為充滿諧音又引經據典的文句而越發清晰的某種東西。當然，還有很多句子是我來不及寫下的。

我所使用的陽春排版軟體，是我以有助於申請大學為藉口說服我媽買下的。我每一頁都用上四、五種字體，以傳達我希望對外顯現的混沌情感。我將駕駛教育手冊、雜誌、中文課本上的圖片剪貼成小誌插圖。我寫了很多關於音樂的文章，但我的熱情同樣能為其他事情點燃——電影、文學、藝術。我愛上了我以為是自己新發現的一切。我寫了讚賞人行道樂團與波爾沃樂團（The Polvo）的長篇文章，只因為他們的專輯是我終於考到駕照後自行購買的第一批黑膠唱片；我著魔般地聽那些唱片，直到所有古怪與不和諧之處聽起來都變得正常。可是我當初也能選擇從隔壁的R區開始找唱片[8]，並同樣輕易為其他樂團傾倒。我崇尚嚴肅，而且想將嚴肅應用於掩藏在大世界底下的某些小世界裡。

我的小誌一本正經卻也憤世忌俗。**這種退流行的東西難道就不偉大嗎？為什麼大家都這樣穿而非那樣穿？**我會為從我沒看過的外國電影寫下滔滔頌歌，為我能在聖荷西的街燈唱片行（Streetlight）找到的任何獨立搖滾七吋單曲寫下熱情冗長的剖析。

我的小誌裡寫有《X檔案》（*X-Files*）的同人小說，以及反對那些要我們死記硬背的回家作業的長篇大論。不過我認為這種廣博評論主要能顯露的特質，就是酷。我以我排拒的事物定義自己，這種土法煉鋼的否定法成就了篇篇文章，意在譴責《飛越比佛利》（*Beverly Hills*）與《新飛越比佛利》（*90210*）、私立學校、老布希、編織皮腰帶、警察國家，以及爆紅之後的珍珠果醬樂團。我知道自己在反抗某些事物，但無法想像自己的對立面能有什麼存在。

或許那是還有事物能夠真正罕為人知的最後一段日子。這種罕為人知，指的並非只是一種風格或一首歌曲晦澀難懂的那種基礎意義，而是描述偏門知識帶有的某種岌岌可危——一本分類錯誤的書或遭人遺忘的雜誌可能輕易永世亡軼的那種意義。搶在其他人之前、早幾分鐘吸收到的新知，能轉換成一種利基型社會資本，而我又是個勤勉的學究。我認識每個聽起來有點神似超脫但還沒人聽說過的樂團。我崇尚研究——發掘奧祕衍義、隱密知識、陰謀論軼事，在種種已然與未曾之上創立一門新宗教。

我探索漫畫店裡人沒那麼多的走道，翻遍祖父的公寓搜刮舊法蘭絨衫、莫海毛領帶、工廠實驗衣。我會央求老媽開車載我去加州大學柏克萊分校，驚訝地欣賞大學生把巨大披薩切片斜斜插進他們嘴裡、小說裡、筆記本裡，以及他們夾在腋下的唱片裡。寫及賽博龐克、銳舞客或動物權倡議人士的任何雜誌文章，都對我指出一條嶄新而完全可

8　人行道樂團與波爾沃樂團之團名皆為P開頭。

行的道路。四處闖蕩，選擇你想成為什麼樣的人、進而強調並修飾你的哪些面向，這些事做來令人興奮；而你其實是藉此發送苦惱的信號，期待有誰接收到之後會來拯救你。

——

要讀出文字間的語氣已經很難，要讀出印在光滑感熱紙上的傳真語氣或許難上加難。你不可能看得到紙張被筆寫過而留下的痕跡。傳真寄來時外觀已褪色疏離，上面寫的建議早已是上古遺事。老爸對我的小誌很好奇（他稱之為我的「著作」），問我是否能傳真一份給他。我則向他解釋為何小誌傳真之後意義就不再相同。

他時常懇求我把花在背誦運動賽事數據或撰寫唱片評論的精力撥一點用在課業上，我必須以閱讀珍藏雜誌的那種方式讀我的教科書。我能告訴你預計在下個月發行的專輯有哪些；但終其一生，我都沒辦法考過駕照測驗的筆試部分。「別負面看待這種評論。我們只是愛你，也知道你的弱點，所以想要指引你。你的善良跟強項我們一向放在心上，儘管並不是老是掛在嘴上。」他每次寫了什麼感覺起來比本意還要嚴厲的話，就會自動自發馬上接著澄清：

上週五我態度過分強硬了。別怕。生命充滿刺激與驚喜。把握它，享受它。就像你說你喜歡越野賽跑。登上一座小山再往下看，你就會感覺很棒。這才是我想表達的重點。別在往上爬啊爬時感到挫折，也別一開始就挑太高的山。你需先從小山開始操練。從訓練中學習。哪怕摔了一跤都會教你下次該如何爬得更好。這很辛苦，但享受那過程。

你媽跟我都以你為榮。不只是說你的成就，更是說你的樂天性格。不管你選擇做什麼，我們都支持你（大部分時候啦！哈！）。如果我們有時候太神經質，請別放在心上。我們只是希望能對你傾囊相授，讓你更容易做出選擇。我們或許給你太多壓力了，但那不是我們的本意。放輕鬆，可是還是要做好時間規畫，完成優先的事。

我很抱歉不能在你需要時一直在你身邊支持你。但你媽把你照顧得很好，你也滿成熟了，我就安心了。不過要是有任何想法或問題，就打電話或發傳真給我。如果跟課業有關，而你無法從我這邊得到即時幫助，請告訴我們，我們會安排家教給你。十年級跟十一年級會更吃力，但我希望你樂在其中。

愛你。爸。

家教老師不怎麼幫得上忙。他們通常是二十來歲的台灣移民，在地方社區大學讀書。我的數學抽象概念是根深柢固地瘸腳，導致他們往往不知道該從哪裡開始幫我會比較好。我會仔細打量他們的穿著與談吐，心想我爸媽幾十年前該不會就是這副德行。

我十一年級時已經修完高中裡開的每一門數學課，儘管想要辦到這件事就得不斷摧殘我的平均成績。不過我如今可以無後顧之憂地全心投入於校報、我的小誌與辯論社。我猜自己必須在其他事情上表現得非常出色，才足以彌補成績單上的每一個C。

某天，我爸傳真給我。新竹在下雨。「加州的晴朗天氣也會影響『思想與行為』。讓人想法太過『光明』。你怎麼想？」我不懂他怎麼老是寫傳真來關心我的情緒。他或許是擔心我會受「無聊」這種美國病、或者更糟糕的什麼所苦。

——

寇特・科本於一九九四年四月死去時，感覺起來有點反高潮。我們早在前一個月就為他的逝世哀悼過了。那時有人聽說他巡迴至義大利時死於藥物過量，謠言便在高中裡傳開，直到隔天我們才發現科本他人還活著，但當時我們早已遍歷了哀悼的每一個階段。我當時在新聞學課堂上，從雜誌剪下他的照片並黏在別針上，宣告自己餘生都將佩戴這枚胸章。

科本真的死去時，我並不特別意外，因為他的健康狀況在過去幾年以來早就有如風中殘燭。他不時提到使他耗弱的胃疾；他有家族憂鬱病史；名聲帶來的壓力與馬不停蹄的巡演，似乎都加劇了他那難以名狀的感受。他嘶啞的嗓音與佝僂的身姿並不只是裝模作樣——那是他的不適藉由肉身向外界宣示。據說他的海洛因成癮就是為了處理這一切不適而養成的應對機制。他在西雅圖家中死於自行造成的槍傷。他的死好像霎時間重要起來，就像歷史老師逼著我們聽完小甘迺迪遇刺時那樣。科本代表著什麼，但或許並非是讓我感覺身在其中的那種什麼，他位在什麼之外，只是我覺得自己離那之外還更遙遠。事發當晚我傳真給爸。我無法參透科本的自殺。我爸回覆：

這邊的晚間新聞也播報了寇特的死。我晚餐時在「史巴克」叔叔家裡聽說了。真令人難過。現在MTV在播特別節目做紀念。

我同意這是一起社會悲劇，壓力太大了。如果他覺得那份壓力超出他的控制範圍、創意還是什麼的，有時候就會導致自殺的結果，尤其是有才華的藝術家。他感到生命的意義消失了。所以有時候，「正常」人更容易適應充滿不理想而不得不妥協的現實。生命有著兩難：你必須找到意義，但同時你必須接受現實。如何應對這種衝突是我們每一個人的挑戰。你怎麼想？

在他死後，有些文章或新聞斷章取義了科本的虛無主義，以及他的選擇對美國青少年所做的暗示。就算科本已經流行到我不再奢想買件他的T恤，我還是做了一本與他相關文章的剪貼簿。我在法文先修班程度測驗的某題引導式寫作作答當中，抨擊了這個社會對科本的所作所為，頌揚他對種族主義、性別歧視以及恐同者所持的反對立場。我們將他吃乾抹淨實在是相當*tragique*。我沒通過測驗。顯然，既有建制永遠不會理解我們。

他所代表的人格特質，遠比我們過往看到的更加細膩、糾結而不加防備。或許我錯把不自在——一種對於自己變得脆弱的恐懼——誤認為酷。恐怕你永遠不會因為你以為自己應該被愛的理由而被愛著。恐怕你的叛逆種子將被永遠遺忘。

幾週後，我把我為校報寫的一篇文章傳真給我爸，裡頭寫到科本之死，以及他的死為我們這個世代說出什麼。我在此將「世代」一詞用得很寬鬆，畢竟科本比我大十歲。我相信我們的時代、我們面臨的壓力、我們在缺乏目標的時刻還要保持知足的掙扎，都有其不凡之處。文章裡寫著對我們而言貌似相當獨特的各種術語，像是「失能」、「敵托邦」與「憂懼」。我試著寫寫看這些詞，倒也沒有什麼不通順之處。我在新聞上看到穿著黑衣的粉絲在科本住家附近的一座公園守夜，並在陌生人的懷抱中痛哭長達數日。那是一種我無法參透的更深層情感。不過我依然是一名足夠有說服力的寫作者，足以讓我爸操煩。

我認為你的文章的確有很多很好的論點。其中重要的一點是，一個人究竟是熱愛著他的生命，還是有時候痛恨自己並難以承受。每個世代都有自己的問題。對年輕人來說，同時懷抱理想主義又感到無助是很正常的，對社會進步來說也是必需的。但問題是生命已經如此，而且必須往前走。每個世代都必須面對問題、撐過去，盡力克服挫折。六〇年代的社會相當富裕，可是不道德的越戰卻引發問題。自由派思想對社會來說變成一種正面力量。廢除種族隔離，人權，反戰，這些在當年也都遇到令人非常「挫敗」的局面。有人終究倖存下來並持續活躍，像是瓊・拜雅（Joan Baez）、巴布・狄倫、尼爾・楊；有些人則否，像是罕醉克斯、賈普林（Janis Joplin）跟莫里森（Jim Morrison）[9]。

我想說的是，我們必須要有理想與心，對社會與環境的感情等等。但我們也必須同意，我們一定能找到一種能使世界或環境變得更好的方法。要找到這種方法或會花好幾年，甚至好幾個世代，或者需要死去許多人。但光有情緒仍然無法改變現況，實際行動才能。寇特的才華毋庸置疑，他也很重要。他的死需要相當嚴肅的分析。我們的社會是有問題。但不要把整個世代都染上刻板印象色彩，像是「失落的一代」。我想這對經歷特定生命階段的每一代人來說都適用。

你怎麼想？讀你的文章讓我發現我的英文很破。「失能」是什麼意思？

再說一句，我們必須具備情感，才能與機械和機器人有所區別。但我們也必須學著控制情緒，不能因為情緒忘乎所以。你同意嗎？

---

9 罕醉克斯、賈普林與莫里森三人皆因酒精藥物死於二十七歲，後人合稱「搖滾三J」（The Three Js）。

我當時十六歲，巴不得為了情緒忘乎所以。接下來的秋季學期，我就要上大學了。我幻想著前往某個陌生新奇的地方。洛杉磯不夠遠。聖地牙哥很遜。西雅圖夠遠，但遠在無用的方向上。我不喜歡被鎖在內陸這種想法。我覺得紐約對我來說太早了。波士頓也很遜。我本來心儀的是約翰霍普金斯大學（Johns Hopkins University），最後明白自己根本無法愛上一間名叫「約翰霍普金斯」的學校。而實際上，搭飛機的新鮮感在一個人跨越太平洋太多次之後早已煙消霧散。我爸要我開始考慮升學去路。「柏克萊是一所好學校，也有好校園。」他寫。柏克萊的學費我們還負擔得起，離家也近，菁英主義者比起美國東岸「象牙塔」學校是少了一些——但我要是想申請那些象牙塔學校也不成問題。柏克萊唯一的缺點，他說明，是校園的「周邊」。他指的不只是奧克蘭[10]，雖然那裡肯定也被算成周邊區域。柏克萊與鄰近的史丹佛不同，並不是一個封閉的舒適圈。柏克萊的校園融入周邊世界裡頭：乖張的街頭龐克族、睡人民公園的流浪漢、至今仍在電報街閒晃的呼麻嬉痞。就在幾年前的一九九〇年，有個人在某間校園酒吧挾持人質，後來與地方警力對峙整晚。一名學生死亡，在凶手被射殺前已有數人遭到槍傷。

生命把我父母送往離他們家人幾萬英里遠的地方。他們忍氣吞聲，在逆境之中盡人事，別人只要把他們的名字唸得夠接近正確發音，他們就會予以回應。接著生命又不知怎地將他們帶回來時處，只是如今他們的家人又已在慢慢遷離該地，來到灣區彼此扶持。我父母在削減生活中的風險與變數時，渴望的是某種平淡的安穩。他們要我學習備受認可的各種技能；他們要我的成就足以看來面面俱到。柏克萊是一間好學校，有著好校園——我們在這點上達成共識了。但我之所以渴望去上那所大學，為的卻是那巨大的披薩切片、縮在室內停車場裡的左派書店、在校園大樓間的空地上為言論自由或墮胎高聲疾呼的怪胎。錄取了我的是一個豐盛的世界，那裡在方圓四個街區之內有著世上最基本必需的三種場所：舊書店、唱片行、古著店。

我是個美國小孩，我無聊了，我在尋找我的同類。

10 奧克蘭緊鄰柏克萊南端，早期居民多為藍領階級，而且犯罪率自一九六〇至九〇年代不斷上升，直至今日仍常在「美國最危險城市」榜上有名。本書寫及奧克蘭但未明言處，可參考此社會歷史背景。

RIFFEY IN '96

大學開學頭幾週，眾人成群結隊地走。一整個宿舍樓層那麼多的人湧進錄影帶店，一起想辦法決定該租哪部電影回去。班克羅夫特路一頭的咖啡店裡，八名大一生圍著兩人桌擠成一團，模仿點餐隊伍前面那人點的任何東西。**我也來杯抹茶好了**。謠傳有間墨西哥捲餅店居然比海斯特街上那間還好吃，但你得搭公車才能到那。在此之前——學學怎麼搭公車吧。多聊聊每間宿舍的暱稱與名聲，並把這種知識當作是你自己的傳承下去。**他們叫那間宿舍「波士尼亞」**。想把同屆新生帶離人群改去唱片行轉轉，只是白忙一場。

多數時候都有派對舉行。我們沿著杜蘭特大道走，穿過電報街，越過淘兒唱片與頂尖熱狗（Top Dog），走向聯誼會所，在那有形形色色的兄弟姊妹會，他們為新來的大一生提供免費啤酒、現成交友圈，還有形象再造的機會。我會走上後山，但絕不在派對裡待超過幾分鐘。我的自我認同為正派龐克（straight edge）——一個我在高中從某個前輩那裡學來的詞。

正派龐克是一支在一九八〇年代初興起的硬蕊龐克次文化，其基礎準則在於有紀律地、準政治地拒絕藥物、酒精、香菸——一旦染上會讓人走向極端平庸的種種惡習。我當時對這些還一無所知，只知道當個正派龐克就是要聽大聲說教的音樂，並對任何玩得太爽的人投以批判。這種標籤在當時的我看來大概很叛逆：一種張揚而自制的旁門，以對其他人邋遢的左道。

我、帕拉格與戴夫同住依妲・史普羅館（Ida Sproul Hall）[1]的三人房，他們兩個是我高中以來的好友。帕拉格的爸爸一九六〇年代在柏克萊念研究所，他們在宿舍搬入日早早就開車到校園，好讓全家能在校園大廣場階梯上為他爸拍照。他父親拍了一張照片，姿勢與他剛從印度來時拍的那張雷同。

那天我是最後一個進校園的，所以難逃睡上鋪的命運，床位就在帕拉格頭上。戴夫的床懸在他們兩人共用的長桌上方。他們讓我用面向窗戶的單人桌。我們成為各自牆上

1 柏克萊大學併入加州大學系統前的最後一任校長，以及加州大學系統第一任校長，羅伯特・戈登・史普羅（Robert Gordon Sproul）的妻子。

海報的同義詞：「《飛越情海》（*Melrose Place*）女演員」是帕拉格、蝙蝠俠是戴夫。我買的碧玉（Björk）海報大到太離譜，只好用膠帶貼在離我床鋪不過幾吋的天花板上。她的頭跟我的整張床墊一樣大——我在那張海報下睡了幾天，後來開始被它嚇到，最後只好把它撤下。

我們選擇一起住，是為了讓銜接大學生活的過程輕鬆一點；雖然我們當初要是知道三人房比雙人房還小，大概會重新考慮這件事。帕拉格跟戴夫大多把空閒時間用來上健身房跟打籃球。他們想要主修商學，我則還不確定自己除了找唱片之外還有什麼事情想做。

我按照音樂感性將同學分門別類，次要分類考量則是他們的電影與圖書品味、牆上貼的海報、懂不懂小誌或者買不買古著。根據我草率的世界人群分布圖，世界上存在著酷的人與不酷的人；不酷的理由是多維度的。我熱衷於**熱衷某事**，也在他人身上尋求這種特質，無論他是誰，也無論他做什麼。有個穿著老舊技師夾克的印度男生試著讓我熱衷於充滿藝術氣息、無名的金屬樂團；英文課上有一個紅髮女孩差點要讓我相信自己能深深愛上斯卡（ska）曲風。或許我會好好當個龐克族。一個我在高中辯論社認識的柏克萊大二生邀我去吉爾曼街九二四號（924 Gilman）[2]看動感食屍鬼（Groovie Ghoulies）[3]演出，只是我根本不曉得他們是誰，也不曉得該怎麼到那個地方。就連選擇當一個正派龐克族，也只能證明了我情感易受動搖——那不過是出於一種想融入其他邊緣小團體的欲望。我所追求的形象再造也就這麼回事。

還年輕時，你肯定自己有能力為上個世代的問題想到一條出路；可以有一種不同的成長方式，有一條不同的路可以免於服從權威與金錢。我們可以一起想出答案，我們可以一起與眾不同。我只需要找出可以一起有所不同的那群人、人數恰足以充實某個集體代名詞內涵的一群人。

初次遇見阿健時，我討厭他。

2 柏克萊地區一九八六年以來的另類音樂重要演出場地暨文化地標。

3 發跡於加州沙加緬度的龐克樂團。

阿健活得太招搖了，起碼以我的標準來看。我以前已經遇過千百個他不下千百回。我當時十八歲，深愛自己的道德準則，對任何話語輕浮的人始終抱持疑心。他是我會主動迴避的那一類人：主流。阿健帥得明目張膽，他的嗓音透露不出半點不安全感。他住在四樓，就在我們樓上，他的房間到處都是能夠重提高中當年勇的物件。有一張他在老家當地女友的照片，白膚金髮，漂亮得老套；另一張照片裡，他與朋友們穿得像體育裁判，在棒球賽上向外鎮來的對手喝倒采。他很有禮貌，這點讓他課後在百貨公司童鞋櫃的打工中受益良多。他老練於同時魅惑被標價嚇到的父母與他們不耐煩的孩子。他會治療宿醉，並為其他宿醉者敞開房門。他懂得該怎麼在餐廳點菜。他看似渴望著大人的生活。

高中生活對阿健來說是一場美夢，而且沒有多少跡象顯示他的大學生活會有哪裡不同。他曾經希望成為建築師。開學第一週，他就得到一間兄弟會的賞識，被請上後山——「最多樣化的一間。」他強調。兄弟會培訓他坐上幹部位子。珍珠果醬與大衛馬修樂團（Dave Matthews Band）——令我覺得恐怖的音樂——在他們的會館中響徹雲霄，他的兄弟們反戴棒球帽，會館裡面到處都是塑膠杯。

既然我都是個大學生了，我試著把自己重新包裝成一個有話直說的人，並期望話裡能說出一種迷人的不著邊際。我也想把自己包裝成什麼都懂一點的人，對什麼都想發表意見；這便是我在製作小誌時想展現的人格。最最起碼，我想看上去好像對自己的發言很自在。我在大學上的第一堂課有大概五百個學生。你在第一時間就會意識到想維持你那莫名獨特感的挑戰性。我最小的一處戰場，是和平與衝突學程所開設的專題研討課，那堂課的第一份作業，就是抵抗為了任何事去責罵任何人的衝動整整一週。

我喜歡英文課，所以我練習大聲讀詩，因為有個教授說，若不這樣讀，我們永遠不會懂詩；而我迫切想要成為懂詩的那種人。學期初某一天，我鼓起勇氣舉手發言。在我對厄內斯特・海明威（Ernest Hemingway）的命名用法滔滔發表評論時，四十個將來的英文主修學生轉頭看我。一名大二生說我是錯的，教授則嚴正點頭表示同意。我判斷自己不適合文學詮釋，便把注意力轉往政治學。我後來都坐在教室後方，專心聽課，鮮發一語。

阿健常來三樓，因為跟他住的四樓不同，我們三樓是男女混宿。他會下來揪大家參加派對，要不去交誼廳讀書，因為交誼廳那有個露臺。有時候，他會來我們房間收他的電子郵件——大家都把電子郵件當作愚蠢官僚的累贅看待。我們都知道彼此的電子信箱密碼，而每週一兩次，只要沒人占用電話線路，就該有個人登入戴夫的父親為他組的桌上型電腦，替大家檢查收件匣。我從來沒寄出任何訊息，因此也就從沒收到任何訊息，這件事讓我心煩，只是我從來不公開承認。但這件事對阿健來說相當顯而易見，他會喊我快點回到房間，這樣他才能告訴我：他跟帕拉格在檢查電子郵件，而我的收件匣還是空的。

我很安靜，阿健很吵。他流露出自信。我覺得有自信的人都有鬼。他問的問題都發自真摯的好奇，我問的問題則疑心重重或冷淡而居高臨下。多數時候，我絕不想透露出有些事情我不懂。**有啊，我聽說過他們**。

每週五，我會搭公車到大學大道上一間專賣英國進口唱片的店，在那裡泡好幾小時，翻看新單曲，徒勞地設法與沒把我看在眼裡的店員搭話。我把他們的無禮解讀為一種更高境界的酷。若我問起在櫃檯後方瞄到的新發售唱片，他們會把我趕走。那張唱片是非賣品，他們會這麼說，起碼不賣給我。他們的常客才有優先購買權，所以我立志成為常客。

從大學大道考察之旅回到宿舍後，我有時會看到阿健穿著汗溼淋漓的運動服坐在我的座位上，擅自使用我珍貴的《少年節奏》雜誌（*Teen Beat*）馬克杯。他跟帕拉格還有戴夫剛從體育館打完籃球回來。他會把我叫成「華點」（Huascene）——我的電子郵件帳號，改寫自布勒合唱團（Blur）一首歌名〈熱點〉（Popscene）；要不他會以一種讓你能聽見空氣引號的口氣叫我「返校舞會國王」。他難以相信我們高中竟能如此開明而詭異，以至於大家能用廢票讓我登上人氣排行榜首。他跟人裝熟得吵吵鬧鬧，我永遠分辨不出他是不是在開我玩笑。

——

加州人往往帶著一種理所當然長大，純粹因為他們剛好住在加州；此地便是眾人夢想的終點。北加州人與南加州人總是覺得對方有鬼，而柏克萊裡百分之九十九的人出身大概非北即南，整齊劃一只有大家都穿愛迪達拖鞋。我以為南加州人都膚淺又不正經，他們太常待在陽光下了。灣區以政治和反主流文化聞名，南加州則以迪士尼樂園與好萊塢為人所知。南加州人把貫穿美國的那條公路唸成「the 101」而不只是「101」時，聽起來有點腦袋空空的。阿健在聖地牙哥郊區艾爾卡洪（El Cajon）長大，他把這個地方說得好比一處獨一無二的黃金地帶：鄰近海灘，完美的天氣，最親切的居民，最漂亮的妞；在我聽來則是見鬼又浮濫。偉大的搖滾樂評萊斯特．班斯（Lester Bang）一九六〇年代在艾爾卡洪長大這件事，我提都懶得提。他才**不可能**聽說過萊斯特這號人物。

阿健的父親賣保險，他媽媽會在我偶然造訪時為我煮一頓可以改變人生的牛排與雞肉大餐。他欽佩他姊姊，雖然他以從不向姊姊明示這點而感到得意。他們溺愛一隻喜歡尖叫的凶猛博美犬，名叫小不點。他們聽起來就像一個典型美國家庭，那副光明正向的模樣讓我覺得有鬼。

我對阿健的戒心，又由於他跟我同為亞裔美國人而加深。我以前見過像阿健一樣泰然知足的人，每一個都是白人。這是日裔美國人此一費解的身分又令人費解的一部分：日裔美籍小孩對其他亞裔而言就像外星人，他們無憂無慮，多半時候對族裔差別毫無知覺，宛如置身事外。他們老早就放下了身為移民的感覺。像阿健他們那樣的日裔美籍家庭，通常已在美國定居數個世代。近期日本移民小孩的不自在則只會體現在細微末節，尤其在做些普通事情時會刻意演得像個美國人，例如週五晚上去吃披薩店之類的。你們肯定忘了我們姓什麼對吧。我成長環境周遭的日裔美國人，都有著喜歡美式足球與釣魚的雙親，他們的祖父母能把在拘留營發生的故事誦讀得毫無一絲口音。他們有人從未去過日本，而有人的家人同樣在二戰時期對抗日本。我們看起來差不多，直到你明白我們並不一樣，接著你便感覺沒有哪兩種人可以看起來更加不一樣。

——

象徵友誼的通貨很多。吸引我們的人或許是能使我們感到快樂、充滿希望、總是能逗我們笑的人。或許也有工具性的友誼，其誘因是具體的，而吸引力在於他們能為我們做什麼。也有只聊嚴肅事情的朋友，另外有些友誼唯獨在深夜的酣醉逸樂之中得以成立。有些朋友使我們完整，有些則使我們完蛋。或許你覺得這世界上似乎沒有事情能比開車兜風、與朋友一起聽音樂、找尋通宵營業的甜甜圈店還要好玩。所有人不發一語，完美。或許你終其一生對和諧的嚮往，在這些場景中才終於開始有了意義——坐上你家人的旅行車，跟著齊唱〈只有天知道〉（God Only Knows），並在停車場裡待到歌曲結束。亞里斯多德說，年輕人之間的友誼總是繞著可能的享樂打轉。他觀察到：

> 年輕人的生命受情緒牽引，他們最熱切追求的，是讓他們感到愉悅的事物和愉悅當下帶來的情感。隨著年歲增長，他們會喜歡上各種不同的事物。因而他們的友誼會匆匆開始，也會同樣匆匆結束。若帶來愉悅的事物發生改變，那麼友誼也會跟著改變；而年輕人的樂趣總是匆匆改變。

當下所帶來的是：友誼只想到未來的那面向，認識到你們都會長大或者分離，以及你們或許在某天會以一種當下無從想像的方式需要彼此。我們從小認識到的友誼是隨便而短暫的。友誼作為一種結構，充斥著不平衡、看不見的等差、小心眼與不安全感，這種結構延伸直至我們不復存在之時。對某些人來說，友誼必須是穩定而有節奏的；對某些人來說，友誼則是輕鬆重拾對話或沉睡多年的私房笑話時帶來的偶發親密。

但在這一切之前：要有個讓你們相會的當下。

實際初次認識阿健時，他請我陪他買衣服。寒假結束後，學生重返校園；我和伊拉米在宿舍大廳打混。阿健帶著兩個行李箱走進來時，我禮貌性地向他點頭問好。宿舍這棟八樓建築的電梯壞了——一如往常。他嘆了口氣，卻帶有一種電影明星般的優雅架勢，使得他的不順遂宛若只是本日角色劇本的一環。伊拉米跟我住同一層樓，他是個體貼過頭的哲學主修生。伊拉米拍了拍我的肩膀：「去幫他個忙吧。」我暗自火大了一下。宿舍裡有些人讓我會想跟他們交朋友，我確信朝夕相處帶來的慣性終有一天會導向親密。我會在餐廳裡找個空位坐下，欣賞你的二手T恤與你的諷刺胸針；或許我們會開始一起去看樂團表演；或許我們會在影片出租店的外國片區巧遇；我會熬夜聽你聊的問題，並回過頭來分享我的祕密。我上學期已經在阿健的身旁花了夠多時間並得出結論：他不是讓我想交朋友的那種人。他看起來是那麼自我肯定又正常，沒有半點能吸引我的地方。我抓起一口行李箱，爬樓梯時盡力演戲似地大聲喘氣。我根本不喜歡這個人，如今竟然在替他做勞力苦工。

爬上樓後，阿健對我們道謝。他轉身問我：「你衣服在哪裡買的？」他的打扮好看，風格粗獷而尋常。他穿一件顏色曖昧的Polo衫，隨性塞進牛仔垮褲。他穿Nike鞋，到了冬天則穿Timberland靴。我穿得像個老爺爺——扎人的開襟毛衣，碎花襯衫扣到領口，燈芯絨褲的布料足以發出可聞音量，配上低筒五孔翼紋馬汀皮鞋。我猜他是在取笑我。但他是認真的。「你可以陪我買穿去兄弟會派對的衣服嗎？」

我對派對毫無興趣，更想不到有什麼比兄弟會還要不酷的東西。但阿健讓我感到訝異、甚至萌生好感，因為他顯然比我起初以為的更體察入微。他有留意到我的穿搭心思，而其他人或許會猜我只穿得起搭不起來、代代相傳的舊衣物。我依然不相信他；這是我與他、或任何兄弟姊妹會體系成員歷來發生過最長的一段對話。但我還是樂意教導他如何變酷。

那天下午我們在宿舍大廳碰面，然後沿著電報街走進一間洞穴似的古著店。他是個年輕人，我是個老人家，如今我們一同翻找他人身後遺留的二手聚酯纖維襯衫與西裝外套，每抖開一件新發現的寶貝，灰塵便四處揚起。「我恐怕得揉一下眼睛。」他說。我心軟了，便幫他挑了一件帶有誇張大翻領的亮黃色襯衫。他照了鏡子，擺出一副難過的臉，好像這件襯衫吸乾了他的天生氣場。那就完美了。那天稍晚，我去他房間借了他一條Playboy皮帶，那是我在台灣買來好玩的。他人不在，所以我就留了張紙條祝他好運，並告訴他這條皮帶能為造型畫龍點睛。

——

搞了半天，阿健的兄弟會要辦的是一九七〇年代主題派對，他的目標就是穿得刺眼以便脫穎而出。「造型很完美。」幾天後他來還皮帶時這麼對我說。他還有點餘韻未退的飄忽。「我們應該常一起混。」

我對他盛大的夜間活動，那些從某處南轅北轍的前線傳來的消息，帶有一種民族誌學者式的好奇。我週五晚上不參加派對，多半倒是用來閱讀跟聽音樂。我會坐在三樓交誼廳，帶著一疊CD、幾本馬克思主義或文化理論相關的書。那些書對我來說比詩直覺多了。我會提筆寫信給前去東岸上大學的朋友，並希望自己也能有他們信裡描述的那種精緻文雅的同學。我會在每個人摔出電梯門口時高昂地歡迎他們，聽他們說些錯失邂逅的傳奇故事，一邊疑惑為什麼喝醉會使人想要強調他們喝醉的程度。

阿健注意到我沒怎麼出去玩過；更要命的是，他注意到我希望被人注意到這點。我從來不碰酒精，但這大概是因為我自命清高，而非是在追隨正派龐克思想。我無法想像在一群我一天到晚暗中批評的人之間卸下心防。我婉拒他請我去兄弟會舍的邀約，並告訴他兄弟會生活不符合我的「美學」，不過我倒是願意跟他在隔天早上吃早餐。

我們宿舍的三樓交誼廳有個露臺，上頭有幾張折疊躺椅，往下能看到餐廳屋頂。有時，大家會在露臺上剪頭髮。你不能在那裡吸菸，但反正大家還是吸了。某天晚上，阿健看到我假裝用功，就邀我去露臺抽菸，雖然我們兩個都沒真的抽過菸。他跟我聊他剛剛參加的派對，我跟他聊海德格[4]，並說得好像自己懂得自己在說什麼。

「我要抽根菸」遂變成我們想聊聊天時用的暗號，以暫時逃離功課或是擠滿陌生人的室內——兩者終究差不多。我們在露臺上碰面，聊聊課堂、女生（這話題我沒什麼能貢獻的），或是遙遠的夢想。我們靠著欄杆，密謀般地聊，假裝我們在抽菸，如此才不會有別人來打擾。偶爾有人走了出來，以為我們在抽菸，於是請我們幫他點根菸，但我們似乎會讓他覺得有這種想法很蠢。要是有人真的點了菸，我會表演性地咳嗽。**抱歉，我有氣喘**。

夜裡，帕拉格、戴夫跟我會躺在各自床上，討論一些空洞而深刻的話題，像是大人小孩雙拍檔（Boyz II Men）是否優於披頭四？為什麼我們的房間是給三個人住的，卻比同棟宿舍裡的雙人房還小？誰吃了最後一顆他爸帶來我們宿舍的印度咖哩餃？如果我們體驗到了真愛，那我們接下來四年還會不會是朋友？《老闆有麻煩》（*Tommy Boy*）對《阿呆闖學府》（*Billy Madison*）？小葛瑞菲（Ken Griffey Jr.）[5]會不會是我們有生之年最偉大的棒球員？我們房間一直在播的那張巴布・馬利（Bob Marley）[6]的老舊ＣＤ究竟是哪來的？《Ｘ檔案》會紅嗎？電玩算是一種運動嗎？我們很多時間都處於這種模式——仔細揀選文化元素以為佐證，根據我們各自的忠誠與狂熱投射不同版本的自我。我們不是在尋求答案，這些辯論沒有贏的必要；一清二楚的事多無聊。我們在尋求的是一種能使世界更加清晰的感覺模式。

我們渴求新的脈絡，因而啟動了一套新的例行公事，而那最終感覺起來會猶如第

4 馬丁・海德格（Martin Heidegger, 1889-1976），德國哲學家，代表作為《存有與時間》（*Being and Time*）。

5 全名為小喬治・肯尼斯・葛瑞菲（George Kenneth Griffey, Jr., 1969-），前美國職棒大聯盟球員，二〇一〇年宣布退休，生涯累積六百三十支全壘打，後於二〇一六年入選美國棒球名人堂。

6 巴布・馬利（1945-1981），牙買加音樂人，成功將牙買加雷鬼樂帶入歐美流行音樂及搖滾樂的領域，進而使牙買加雷鬼樂傳入西方，對西方流行音樂產生了巨大影響，後世尊稱他為「雷鬼樂之父」。

二天性。我之前向阿列克——一個住在宿舍另一頭的神經質嬉皮——介紹了奇想樂團（The Kinks）的〈滑鐵盧日落〉（Waterloo Sunset）的遺憾美。有好幾個星期，我們會在一天結束後聚在他房間裡，畢恭畢敬地聆聽這首歌。有時伊拉米跟阿健會加入我們的行列。帕拉格聽說四樓有群傢伙會輪流請吃午餐。請客這件事，比我們高中時每筆帳都拆五等分、欠了超過七十五分錢的錢就要被扒皮的行為，看起來成熟許多。我們也想要像大人一樣有大量。我們決定每週聚會一次，在離我們宿舍幾個街區遠的中國餐廳「蘭花」吃宵夜。那裡的料理使我想起我家的家常菜。可是我們不習慣自己點中國菜，難以點出一桌像樣周到的大餐所必需的均衡菜色。我們連續吃了幾個星期，輪流為眾人買單，最後才得出結論：帕拉格故事裡說的那群傢伙比我們有錢太多了。

一開始阿健跟我抽假菸，是因為我們都無聊，也都喜歡儀式；你們重複某些動作，重複到足以讓你們真的變成朋友為止。某晚，他帶了一包不知道是誰遺落在兄弟會派對上的香菸。他只在喝酒時抽菸——他說著就點了根菸。我沒喝過酒，於是我心想，只是抽菸應該還好吧。我瞬間就喜歡上了抽菸。

你們重複儀式，重複到足以讓你們真的變成菸槍為止。

抽菸帶來一種營造自然空檔以開啟對話的方法。點菸之後，計時開始。此刻起我們必須討論嚴肅話題，把閒聊加速轉化成最親密的質地。阿健光是吸口菸就總能看來嚴肅無比。他眼光下垂，菸靠上唇叼著，說起話來就上下擺動。我喜歡練習不同的拿菸方式。插在食指與中指之間，像拿筷子一樣；用拇指與食指捏著，有如準備捏死一隻蟲子；深入中指與無名指間的指關節，如此每次深吸一口菸，你的半張臉都會被手遮住；用食指像扶撞球桿那樣圈住香菸，如此便能用點燃的那端比劃指點。

阿健跟我交換理論，探求可能使我們的世界更顯真實的神話。我們聊了很多電視節目。學校訓練我們找出寓意，那麼我們當然也就會想追求另類詮釋，解讀支配著我們想像的每一種套路。我們追溯記憶，列出一張老電視節目清單，還有一九八四年聖地牙哥教士隊（San Diego Padres）全體成員名單。這裡沒有所謂權威，端看誰的引經據典最荒唐，或者誰能把構成我們青少年時光的電影講得最精采。

那些日子裡，我迷戀上了人所能做的最遜事情。我不信任哪個會紮襯衫的人。每當阿健試著請我聽古典搖滾——或更糟，珍珠果醬——我都噁心得往後退縮，好像他是想端出某種病毒請我看。當他跟我說起畢業後搬去波士頓的計畫，我能欣賞他的眼界——

畢竟遠離了聖地牙哥。不過波士頓很遜。我想去紐約。每當他開始讀哲學與理論，我就鑽研更晦澀的哲學與理論。他推薦一本厄內斯托・拉克勞（Ernesto Laclau）與香塔兒・慕芙（Chantal Mouffe）論文化霸權與社會主義的書[7]。我訕笑，彷彿他剛剛援用後馬克思主義思想來讚揚珍珠果醬——**喔，對呀，我聽說過**——接著將這兩個人名刻進我的腦海。

他常常想跟我聊女生，但我對這片知識領域的理解絕大多數只是概念上的。我高中時從浪漫關係中學到的只有：《辛德勒的名單》（*Schindler's List*）對第一次約會來說是個糟糕透頂的主意。我尚在摸索人生的這一部分；相形之下，阿健把「情欲」這類字眼用得很誠懇。

我們開始一起去咖啡館讀書，視情況所需改上圖書館。有時候我們見面是為了吃早餐，以便他能用牛排、雞蛋配上鬆餅來治療宿醉。他的故事對我來說古怪又好笑：某次他跟他兄弟們為了惡整敵對兄弟會，把對方爐臺與烤箱的手把全部偷走；某次他有個肌肉發達的兄弟，手卡在「金魚」餐館的紙盒裡拔不出來。有時阿健心血來潮聊個通宵，他對於電影潛臺詞的顛覆觀點把我辯倒，讓我懷疑起自己的獨特性。或許讓我難以承受的，是領悟到我們終究並沒有那麼不一樣。他時常戳破我為自己塑造的人格假面。為什麼我堅持當個怪咖？是什麼促使我每次都點菜單上最不尋常的料理？那難道不全是博取他人注意的花招而已嗎？尤其阿健還會語帶譴責地說起「有點藝術氣息又另類」的女生？我豈不也曾短暫擁有珍珠果醬的第一張專輯？

我們開著我媽傳給我的Volvo去深夜兜風。我為這種兜風準備了錄音帶，車門喇叭哇啦哇啦地唱出吵鬧的熱門歌曲。某晚他指向一座山丘。「我們上去那裡吧。」我們完全不曉得要走哪條路才能抵達那裡，所以只好保持車行，本來要接近目標，接著被趕出單行道，然後原路返回。我們最終找到了那座山丘的山腳，開始攀升至平地燈光之上，直到周圍一片漆黑。這裡能夠看見整片東灣。他記下我們來到這裡的方法，以便他有了自己的車之後能在某些時刻用上這份知識。「你應該帶珊米來這裡，華點。」珊米是個有點藝術氣息又另類的女生，住在五樓。我因為她穿了一件很酷的綠色高爾夫夾克而想跟她做朋友。**是喔，隨便啦老兄**。我開嘲諷。

7 即《文化霸權和社會主義的戰略》（*Hegemony and Socialist Strategy*）。

阿健相信我們生命中所做的一切都是為了讓女生喜歡上自己：我們的穿著打扮、我們聽的音樂、我們的幽默感。當一個敏感又熱衷政治的人、製作小誌跟錄音帶合輯，這些說到底就是為了跟別人上床。**才不是**，我以一種誇張的冷淡態度抗議。**你人怎麼那麼粗俗？我才不做博取關注的事**。要是沒人懂我在玩什麼梗呢？他問。**有夠沒見過世面的想法**，我說。**就是有人會懂**，我繼續說著，阿健放任我用口舌自掘墳墓。**我只是喜歡我喜歡的事**。**我才不是想讓別人注意到我……我的意思是說，不是讓每一個人，應該說反正跟你不一樣**。**老實說我才不信肉體上的吸引力，吸引力完全源於人的知性……**

他只是點了點頭。**吸引力不光靠肉身外表**，我接著說。**我認為說別人「辣」是種將他人過度化約而去人格化的行為**。阿健的人道措施就是讓我繼續講個沒完，因為我最終會用光所有救命稻草。我感激他善良到並沒有把我從一己悲慘中硬拖出來，並指出我的不安全感所在。或許這種坦露與公開透明的感覺，就是被理解的意義。

阿健遞給我們一張紙條，寫著校園外的地址，並指示我們五點左右到。我們不斷攀上階梯，跟隨喧鬧聲爬上一截梯子。結果戴夫、帕拉格跟我來到了某戶人家的屋頂，那裡有二十來個我們不認識的男生在烤肉，而且烤得並不成功。阿健向大家介紹起了我們。這裡沒有女生，我覺得很好。有幾個人隨意地圍到戴夫身旁，然後有如依照某種編舞一般，其他人也圍到帕拉格身旁，接著輪到我。他們行雲流水地問我們的家鄉在哪、未來想選什麼主修、有沒有買加州美式足球隊的季票。

我根本不知道這是誰的房子。火花不斷飛越建築物邊緣，墜入下方街道。我最終從一場對話脫身而出，對方同為政治學主修，但名字我馬上就忘了。我很快找到在照看漢堡排的阿健。**我們上來這邊好嗎**？

「誰管他？」他說。「我們人都在這了。」

幾輪對話過後我才知道，跟我說過話的每個人都是他的兄弟會成員，他們正在評估戴夫、帕拉格與我是否有成為他們兄弟的資質。**你是在試圖……我們現在是在做宣示、被威脅還是什麼的嗎**？我小聲問阿健，既感到被冒犯也感到受奉承。我喜歡阿健，甚至欣賞他的一位兄弟戴瑞克——一個有朝氣而有父愛的工程主修生，和我們住同一棟宿舍。我想像一下成為他們兄弟的景象。阿健臉紅了。「對啊，我就是覺得你很酷啦。或許你會喜歡這一切。」他遞了一片小小的漢堡排給我，焦黑、堅硬。「拿塊炭走吧，華點。」我們看著這一小片烤焦的牛肉笑了。「別顧慮大家。玩得開心就好。」

——

一九八〇年代末，哲學家雅克・德希達（Jacques Derrida）開了一系列專題講座，主題是友誼。他當時是世界上最知名的哲學家之一，人們提到解構（deconstruction）這一概念就會想到他。德希達想要擾亂我們意圖藉由二分法產出意義的衝動——言說對寫作、理性對激情、陽性對陰性。這些看似對立的概念，其實都是相互建構的。某個概念勝出其對立面，並非就是說有任何一方是穩定或能自我界定的概念。舉例而言，異性戀這種特質，唯有藉由持續排擠酷兒才能存在。德希達的方法講究的是貼近檢驗失落的或遭壓迫的事物。如此一來，他與他的追隨者宣稱，我們將從對我們而言自然不過的各種概念內涵之中辨識出滿滿的矛盾。或許我們必須接受這種混淆，方能活出更有意識而知性的人生。

德希達的講座於一九八四年集結為一本題為《友誼的政治》（*The Politics of Friendship*）的書，書中充滿對亞里斯多德、尼采、康德、政治理論家卡爾・舒密特（Carl Schmitt）的見解所進行的深入探討，難以通透而旁徵博引。每一講最後都以一段據信為亞里斯多德說過的話作結：「*o philoi, oudeis philos*」。這句話通常被翻譯成「喔，朋友們，朋友並不存在」——一種奇怪的情愫，既肯定又否定。有人推測亞里斯多德想表達的意思簡單多了，更接近「有許多朋友的人，沒有任何朋友」。但德希達深受他偏愛的譯法在字面上的矛盾吸引。他聚焦檢驗朋友與敵人、公共生活與私人生活、生者與「幽靈」（phantom）等等矛盾之間的內在張力，期待能為我們指出新的人際連結可能。

我認識一個柏克萊修辭學系的研究生，他每週都飛往爾灣市（Irvine）參加德希達的專題講座，回到校園後會跟我說他坐得離傳說本尊有多近。謠傳這位當代最重要的思想家喜歡吃塔可鐘（Taco Bell）。當時我根本不知道德希達還活著，更別說他一九九〇年中期都待在像爾灣市這樣的地方。我對德希達的認識就只有：他很重要。

我們在課堂上與這些學說的刪減版本纏鬥，將他包羅萬象的懷疑論套用於表述我們世界的習常見解。我們學到的一切，都為我們的舊有想法蒙上疑慮。突然間，我開始將任何被分開的玩意形容成「解構的」；其他怪事僅僅只是「後現代」。或許真理實際上並不存在，字詞本身也毫無意義。那麼我們一開始又該如何在字詞意義上取得共識？這些事情說起來很好玩——多元文化主義，以及在經典著作中涵納女性與少數族群，感覺依然像是別具意義的干預行動。不過，要是你的問題出在標準與階序的根本意義上，又該怎麼辦？德希達式解構的批評者擔心的是這些問題可能引導我們做出的結論。我們永遠都能探究細微差異，細緻化政治立場；但假如我們無法認同任何共同價值，又該怎麼一起做夢？

想把二分法的實用忘得一乾二淨很難。二分法讓世界乾淨許多。我以我所排拒的事物定義自己，我做的選擇往往會鞏固為感覺起來很政治的決定。這攸關的是你對世界抱持什麼感覺，你又對世界期待什麼。支持這個樂團而非那個、讀小誌而非大企業媒體；我選擇布勒合唱團炫學的諷刺，而非他們的對手綠洲合唱團（Oasis）——如今綠洲的支持者看似大概都是粗俗體育男。後來，我在大學第一學期時聽了這兩個團的新專輯，我確定他們兩者都很恐怖。人生選項之多，比我一開始意識到的還要多更多。

——

某晚我們都在宿舍時，阿健在我們這一樓現身，他幾乎像演戲般地喘不過氣。有狀況發生。他逐一房門找人。他需要我們幫忙，不要女生。「我可以路上再解釋。」

我們跟著他去超商。他買了很多瓶斯樂寶（Snapples）果汁，抱得滿手都是，然後交給我們每人兩瓶。某個敵對兄弟會成員突襲了他的兄弟們。他人沒事，受的傷沒那麼重，但我們無論如何都必須砸破他們的窗戶來報仇。**等等，什麼東西**？我抗議。**你說的這個「我們」是誰**？「**我們**」**連你那白痴兄弟會的**一**分子都不是**。他含糊其辭，扯些忠誠、真兄弟、可卸責性什麼的。儘管並非正式成員，我們就是他的兄弟。總之我們跟著他走上後山——沒人想讓他失望。

我們成群結隊前進班克羅夫特路。我掉離隊伍後方幾步，阿健稀鬆平常地漫步走近敵方會舍，拿飲料瓶砸向前窗。在聽到玻璃碎裂聲前，我早已衝刺跑回說好在第一大樓中庭的集合點。我盡己所能狂奔，聽到遠處警笛響起，心想我們是否會遭到逮捕，然後意識到那麼做很蠢。我想著當晚在柏克萊其他地方發生的各種糟糕情況。阿健的兄弟值得我們為他復仇，因為阿健值得我們幫忙。我第一個回到第一大樓，發現自己手裡還抓著斯樂寶果汁。我想找回收桶但找不到，只好丟進垃圾桶，然後等待。阿健最後一個才到。「我從沒看過你跑那麼快。」他邊笑邊說。「華點在我的瓶子脫手前就開溜啦。」我們回到宿舍，被譽為英雄加以歡呼。

你在大學裡會學到的是如何與他人共同生活，阿健更是在本能層次上明白這點。隔天，他幫我們每個人都買了潛艇堡，我們在班克羅夫特路上一張面對敵方兄弟會舍的長椅上吃著，以便對著那片單獨被木板封住的破窗竊笑。我們搞得好像是踢贏超級盃似的。阿健懂得利用他人——不是剝削式的那種，而是他懂你的頻率，因而能夠激勵你去嘗試陌生的事情，也知道何時該勸你緩緩。德希達認為，驅動友誼的力量並非是想要追尋像你自己一樣的人。他寫道，朋友會「選擇去理解他人，而非被他人理解」。我過去總以為是反過來的。

像德希達這樣的理論家會說明，現代生活充滿原子化的個人，他們到處尋覓一個中心，卻又質疑推動他們生活的力量。他的文筆是出了名的複雜，充滿典故與深難術語。事情**總是已然**發生。但反思他自己的人際關係，又為他的文字與思想增添一種極致的透徹。他寫道，友誼的親密性，在於從對方的眼中辨認出自己形象的那種感覺。我們會繼續了解我們的朋友，就算他們已經不能在場、不能回頭看望我們，往後亦是如此。打從相遇的最初那一刻起，我們就一直在準備面臨對方比自己先走、要不就是自己比對方先走的必然場面。我們當下已經在想像自己某天可能會懷念起他們。這種想法並不必然悲傷。德希達又寫，若一個人愛友誼，「他必然要愛未來」。德希達在他的同行讓・弗朗索瓦・李歐塔（Jean François Lyotard）去世後所寫的文章裡探問：「如何離開他而不拋棄他？」或許認真看待我們離去友人的思想，便能展現一種最極致的友誼之舉，也揭示著一種悼文的可能性——一種並非只是回頭關注遺族及其悲慟的悼文。

我們老是被要求讀些還沒準備好去讀的東西。進大學才不過幾天，要怎麼能讀得懂傅柯？但你還是讀了，並相信得以脫離阿多諾或黑格爾的那一日終將到來。[8]而目前你

8 米歇爾・傅柯（Michel Foucault, 1926-1984）、提奧多・阿多諾（Theodor W. Adorno, 1903-1969），以及格奧爾格・威廉・弗里德里希・黑格爾（Georg Wilhelm Friedrich Hegel, 1770-1831）皆為西方哲學史上重要思想家。

會劃的重點，只有聽起來好像能實際為你生活與觀點所用的那些部分。你將這些思想體系切削成實用工具，好比對Nike突如其來的不齒。我們不久後就能讀通這些書籍文章——或許在大三。

當下是種累贅，我們活在未來。年輕所追尋的正是這種小小的不朽。你想在身後留下一點什麼。錄張單曲發表到世界上，讓它成為永遠不死的世界一角，並將在回收桶裡或二手店內被賦予新生。把你的小誌與宣言夾進整座校園的報紙裡，插入被忘在咖啡廳的雜誌書頁間，讓你的文字槓上他們的文字。在室內停車場用噴漆塗鴉上對方的姓名縮寫。你們匆匆活進未來，屆時你們或許會回想起那精密複雜的花式握手，嘲笑當年那副德行多蠢——假如你們到時還能夠記得一星半點。

我們追求一種點到而止的惡名。阿健與我以前會在圖書館的一張特定桌子前讀書，那張桌子就位於各家亞裔兄弟姊妹會成員彼此調情地帶的間隙。他們有一種不一樣的驕傲；他們擁有的是AZN驕傲[9]，對我們來說都是外星人。我們會耍各種花招讓彼此笑倒，像是冗長無聲的爵士鼓獨奏默劇、不斷抽出又收進一袋小熊軟糖，或某種緩慢莫測的空氣冰球比賽。我們頭上掛有一張人名牌匾與一幅畫著一名老白男的畫，下方則是所有以他為名的不管什麼獎項之所有得主的姓名。我們會把自己的名字寫在便條上，偷偷貼在畫像下的空白處，猜想要花多久時間才會有人注意到我們的名字。

9　AZN與Asian諧音，是美國西岸的亞裔美籍社群受嘻哈文化影響而產生的身分認同潮流，且不細分亞裔族裔。

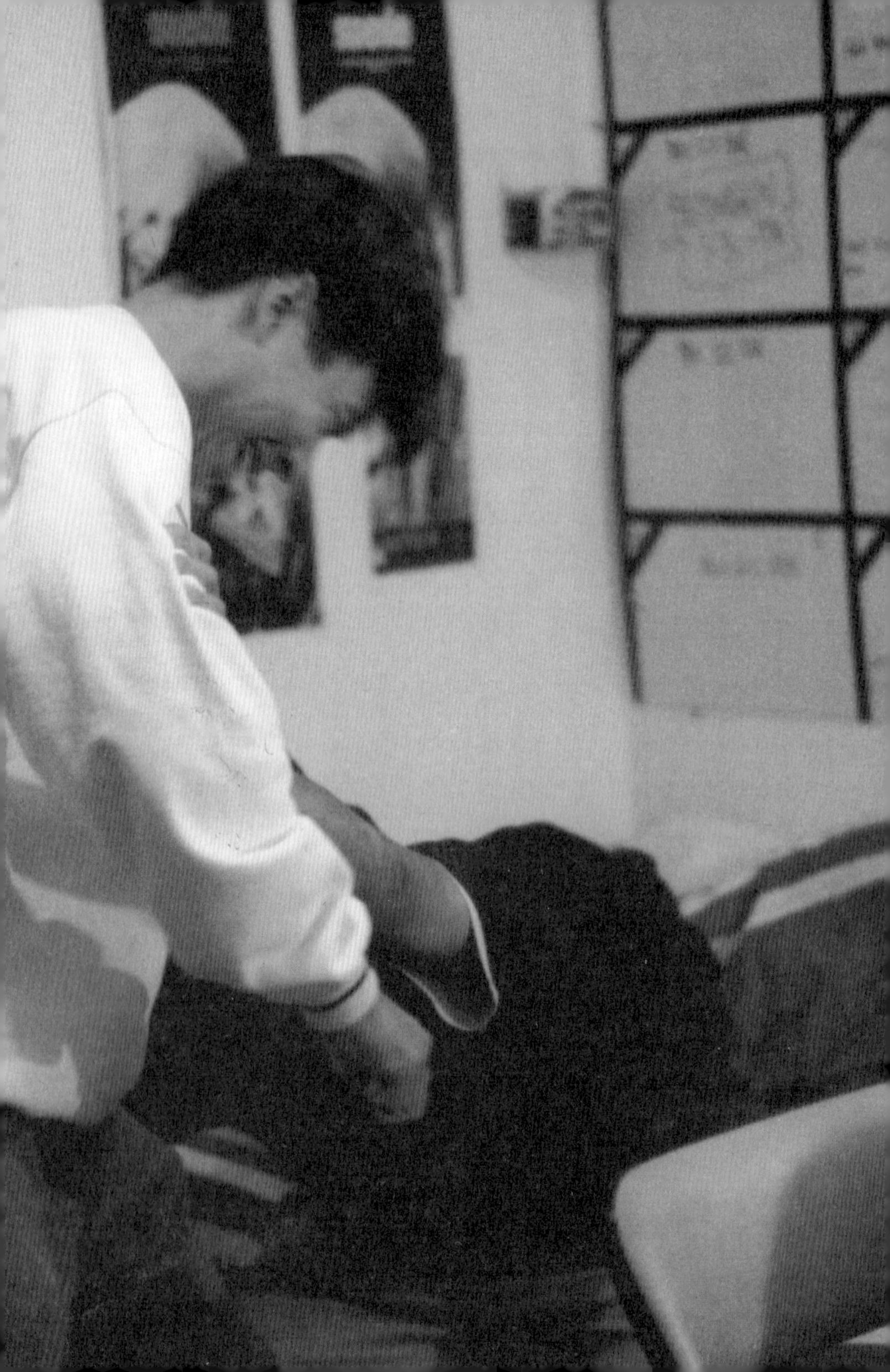

晚餐後我們直接相聚宿舍屋頂等待夕陽。當時是五月底——T恤短褲天氣的開端，雖然我選擇穿上最近淘到的二手條紋羊毛衫。找出登上依妲．史普羅館制高點的路徑，滿足了我們搬出宿舍前的最後好奇心。不久之後，我們即將成為住在校外的大二生，四散於整片柏克萊、甚至於奧克蘭。謠傳還有些大三生遠住在舊金山。我們要是想見到彼此，可能需要單車甚至汽車。**那裡有公車站嗎**？我們把相機掛在脖子上，輪流登上折疊梯。

那光線感覺充盈著無數可能。你會想去相信這個世上再也沒有比此時此刻更好的時機或場所，而身邊是住三樓跟四樓的我們這群人，外加雖住別棟宿舍但絕不錯過冒險機會的安東尼。我們輪流替彼此拍照，也拍各種半生不熟朋友的隨機團體照。我們因此刻相連，而要是被誰發現我們上來這裡，大家都有麻煩。在十樓往上看，鐘塔貌似近得觸手可及；看起來廣袤無邊而不可盡知的校園，融合為統一的整體映入視野。夕陽即將西沉。你意識到這個地方多麼隨意雜亂——講堂、辦公室、實驗室、草坪、宿舍，全都沿一座丘陵向上攀爬，直到無法爬得更高。

我有一張阿健的照片。他手肘倚靠圍欄，透過他的相機鏡頭仰望舊金山灣。或許他的視線越過了那裡，也或許他在想，這方開闊空間之中，他將落腳何方。我有一張只拍到他在看，而沒拍到他在看什麼的照片。

他總在期待未來。看電影預告片時他傳來一句悄悄話：「上片後一起去看吧。」就在即將到來的某天——在我們能駕馭校園的廣闊那天；在他的古巴糖王隊（Cuban Sugar Kings）棒球帽褪色磨損出品味、帽簷彎得恰到好處那天；在我們沙發上的這個地方成為他的專屬位置那天；前途近在眼前，於是我們成為各自追求專攻熱忱的大三生那天；在我們去艾爾卡洪拜訪他，而他竟然帶我們上巴隆那賭場（Barona）那天；在我們成為睿智的老大哥，吸引那些滿臉菜樣的兄弟會新人過來尋求指點那天；在他滿二十一歲而能夠隨意享用新堡棕艾爾（Newcastle Brown Ale）、賽繆爾史密斯核桃棕艾爾（Samuel Smith’s Nut Brown Ale）、Zima調酒，或走進隨便一間酒吧隨心所欲享用隨便一種酒那天。但首先：一輪生日紀念攝影儀式伺候。

在教士隊重振旗鼓那天；在那一件紅藍配色的A&F外套重新到貨那天；在我們富有到使得墨西哥捲餅上多加的一球酸奶油看起來沒那麼過分那天；在我們升上大四忙著為各自論文研究那天；在我們即將畢業——真實世界早已恭候我們多時那天。在我們去波士頓念研究所、在芬威球場（Fenway Park）裡扔花生米那天；在我們都變成會追憶青少年耍蠢時光的大人那天。

在這一切的一切之前，我們還有下一輪菸得抽。撕開封條，剝下膠膜，在你手腕上敲個幾下。挑出幸運的最後一根菸再把它反插回去。嶄新的一包菸，二十多回聊天。

——

帕拉格、戴夫與我熬過了三人房的狹小——極罕見的情況會擴充為四人房——而且還能當朋友。我們曾經刻苦共用單單一條電話線路、掀起各種零星爭執、為了輪到誰吸地板而發難的無數意見分歧、一次黴菌恐慌、想跟上大約八千人修的一年級課程而起的內在恐懼——這些都並不表示我們還想住在一起。帕拉格要跟西恩一起搬走，他們在錢寧路的百視達後面找到住處。一個大我們一歲的高中時代熟人邀請戴夫住進客房。在我們搬出去前的最後一個打包日，嶄新的開始讓我們欣喜若狂。宿舍另一頭的亨利帶著攝影機，逐一房門記錄下那個午後。骨頭惡棍與和聲合唱團（Bone Thugs-N-Harmony）的〈岔路口〉（Tha Crossroad）從好幾套立體音響中流洩而出。我先是假裝無視亨利，然後跳到攝影機前，高聲唱出那首歌「崩崩崩」（bone-bone-bone）的地方，接著迅速跑開。

安東尼與我搬進了德懷特路上一間雙臥平房。阿健在期末考週時跟我們過來一起看過這間房子，希望這裡容納得下三人。他四處看了幾分鐘後，決定搬進他們兄弟會舍。我們住的地方離校園五個街區遠，感覺起來是段很有勇氣的距離。前一組房客留下一張沙發、幾顆賽車輪胎、一張製圖桌、幾張十二吋嘻哈黑膠唱片，為我們貢獻些許長大成人的感覺。我們現在有了一張沙發。我能開始學製圖，或許成為建築師，就像阿健一樣。如果我們想要，也能改裝我的Volvo，開始玩街頭賽車。

我透過帕拉格與戴夫認識安東尼；他們兩個常常跟一群念過我們敵校薩拉托加（Saratoga）高中的朋友混在一起。安東尼主修商學。他在我們公寓掛起來的第一件物品是一幅裱框圖片，畫面裡是一疊疊鈔票，下方寫著「我的第一桶金」。我則是用反對大企業的小誌和從左翼書店拿來的傳單裝飾我的房間。然而我欣賞安東尼的企業家特質。他高中時就在薩拉托加市中心一個人生活，所以他很清楚如何打點自己。在柏克萊的第一年，他找了一份咖啡廳外送員的工作，把賺來的錢投注於在加州美式足球賽事上販賣盜版T恤的事業。我完全不曉得他是怎麼認識曾經住過我們這屋子的賽車手／建築師／DJ們，但也並不意外。他就是個騙徒。更重要的是，他還會煮飯。

廚房有一片裝潢內建的早餐吧檯，看起來好像自一九八〇年代後就沒人清理過。我們在沙發上蓋了條床單，把桌面擺在輪胎上充當茶几。我將那些十二吋唱片吸收進個人收藏裡。我還買了幾張小型三角桌，看起來很酷，但不斷翻倒。我終於有了足夠空間擺放唱機跟立體音響。我們的門廊直接望向德懷特路。搬進那裡的第一週，我會帶著畫布跟壓克力顏料坐在外面，試著畫點什麼。

阿健回艾爾卡洪去了。他寫信叫我檢查電子郵件，因為他整個暑假都準備用他爸的美國線上（AOL）郵件地址。我期末考後錯過一趟某幾個朋友一起去的南方之旅，阿健對我描述了旅途精華。在家真好，他在信中寫道，但他期待儘快回到柏克萊。他信末署名引用了某個我們的私房玩笑，來源我已無從回想：「保持真誠。阿健。」

安東尼與我住的公寓，是我們認識的人當中離校園最遠的，為了慶祝這件事，我們辦了一場派對。我以前從來沒辦過派對；我的準備工作包括錄製一捲錄音帶合輯，這捲合輯在賓客上門後立刻被晾在一旁，他們要求播點不憂鬱的音樂。安東尼跟我都不喝酒，但大家都能隨意帶些伏特加、啤酒或隨便什麼的過來。當時是夏天，很多朋友都留在柏克萊上選修課或去當零售店員。阿健開車來參加派對。他為我們買了喬遷禮物：一組玻璃杯，看起來是多麼實用又多麼成熟。這既是為你們送的也是為我自己送的，他解釋道，並保證他會經常過來用這些杯子。他還提前送了我一份生日禮物，因為那一天他人會待在老家。那份禮物是一張木製的辦公便條收納盤，附有便箋能讓人寫下地址電話，凹槽可放置名片。他說那是為我的小誌買的，以便我能與讀者保持聯繫。他抽出一張空白紙卡寫下他的名字跟家中地址，然後歸檔於「I」字區[1]。「保持聯絡。」他開玩笑地說。

1 阿健姓石田（Ishida）。見本書致謝。

不久，大家就與某種叫做空檔的事無緣起來。我們不再無聊，因為總是有東西能買、有新事物能查能學、有對話等待我們插嘴。但在那時，沒有什麼能比一個毫無計畫、獨自綴補小誌的週五更好。在無事夜晚的空曠中寫作，讓我在自己筆下的文句中現身——就算永遠沒人會讀。一系列單方面的十字軍征討，這些宣言全都只會在兩到三人的小團體中流傳。唯有在我的小誌裡頭，我才敢坦承自己做著某些遠大的夢。而現實生活中，我卻害怕踏進廣大過頭的世界並招致失敗。不過我寫些真摯坦白的話，寫些我絕對不敢大聲說出來的話。

珊米要找人在六月到七月間短期承租她在街角的住處空房。我試著壓低聲音，跟她說我暑假準備用來繪畫跟製作小誌。珊米來自紐約，不是北加州也不是南加州，這使她有資格成為我迄今在柏克萊認識的人當中最酷的那一個。她自願跟我一起製作小誌。我每天都帶著幾片三明治與一包多力多滋在她的公寓現身。我們會聽著她的摩哈維三人組（Mojave 3）的ＣＤ，一邊在茶几上工作。我從來沒聽說過摩哈維三人組，但他們的歌很完美，宛如目睹什麼美麗的事情以慢動作發生；我立志要以這種從容度過此生。因為我以CD收藏來評判一個人，所以我對珊米有著高度評價。我就加拿大的冷門力量流行（power-pop）單曲，寫出滔滔不絕、誇誇其詞的評論，模仿我從別的地方讀來的躁動文風。反觀珊米的詩，就因為我讀不懂而令我震驚於其深刻的原創性，使我為這本小誌撰寫的文章霎時間顯得陳腐又表淺。

大二時，我正式成為政治學主修生，這門主修吸引我之處，在於每堂課上就算幾乎不說話，還是能輕鬆拿到A-。我跟上進度的方式，就是聽那些話很多的人講話，一邊揣摩自己是否也能產出那些創見。我選的課上大多是黏膩成群的白人，他們來自海灘城鎮，走在成為律師的道路上。所以最大的挑戰就在於召喚出一學期舉手發言兩次的勇氣，好讓我不會丟掉課堂參與分數。我並不想當律師，儘管要我想出一條替代前途也有點困難。我很快就認識到，世界上是否還有原創或嶄新內容能說的這個問題，為我帶來的創作焦慮其實相當普遍。我沒有一篇文章能獲得校報《每日加州》（*Daily Cal*）刊登。我大概也不會是藝術家。我絕對是個很爛的畫家。我在尋找一種敘事引擎，一道可能將我過剩精力組織起來的靈光乍現。假如夠幸運，或許我能把對研究的熱愛引導到智庫工作上。

我想精通哲學與文化理論，於是開始去修辭學系修課。我在大學第一學期修的修辭學專題演討，要我們在最少的督導之下閱讀傅柯；我對文本採取放任方針，以融入該系基進的教學風氣。謠傳修辭系教師是校園裡唯一能在辦公室裡隨便抽菸的一群人。

我根本不懂什麼是修辭，只知道我整個高中時期很顯然都在誤用rhetoric這個字。**那只是「話術」**——每當有人想把意見包裝成事實偷渡，我就這麼說。該系開設的課程並不依循任何顯見的邏輯安排，從亞里斯多德至於電視乃至於意義的結構、自我的本質、語言的無用，無所不包。「修辭」在字典中被定義為「說服他人的技藝」。我覺得這個說法一點道理都沒有。或許我終究是對的：一切都**只是話術**，白話而言。這讓我感到相當興奮。

阿健已經不想當建築師了，他現在想上法學院，而說服他人的技藝似乎是一項值得磨練的實用技能，所以他也試著上了幾堂修辭學課。我很高興能有一位盟友陪我行經這些陌生旅途，也很高興能有一個人可供我拿來比較。我們修了一門語言入門課程，主要探討「展現」（perform）承諾是什麼意思。我在阿健的筆記本上塗鴉，畫我們的講師以一種近乎色情的模樣跨坐在講桌上。我們修了高年級的時間哲學。每一堂研討課聽起來都像一場你們應該都嗑了藥的聊天，而我想實情大概也就是這麼回事。我們讀海德格與維根斯坦[2]，並將我們能理解的零碎邊角套用於科幻小說，縱情於分岔時間軸、矛盾、迴圈——兩條分歧路線交錯之後伴隨而來的災變——所帶來的無限樂趣。或許這些難題還有一種尚無人想出的思考方式。

我渴望一個或許在他方的未來，一個能讓我的尷尬被誤認為無動於衷的全新圈子。學校讓我感到自在，也有一群喜歡我、或至少能容忍我的人在我身邊。但我硬是對他們不冷不熱。我總是為自己留一條退路、一則脫身妙計，以便有誰隨時想對我獻上一段新冒險，一段我認為自己應得的冒險。我期盼有朝一日自己會是一篇已經完稿的文章，寫出自然而然又舉重若輕的世界觀，而且絲毫沒有打過草稿的跡象。

我有一張安東尼秋季學期在我們平房裡拍的照片。他老是在拍照，好像命中注定要

2 路德維希・維根斯坦（Ludwig Wittgenstein, 1889-1951），奧地利哲學家，其著述促成了英美分析哲學的成立，形塑二十世紀邏輯學、知識論、語言哲學、心靈哲學、社會科學哲學乃至倫理學與政治哲學的發展，也啟發了從神學、人類學到文學理論等不同學門的研究。

來記錄我們的生活。當時是一九九六年十月。帕拉格、阿健與我坐在我的床上，頭上是一張橫跨整片牆面的巨大白板日曆。珊米和我在暑假製作了那張日曆，我用來追蹤課堂作業、每日花費、CD與電影的發布日期，以及其他人隨口說說而我覺得很好笑的話（「阿華有很多話要說，但他才懶得開口。」）。帕拉格過來打聲招呼。他傾身向前，手肘靠著膝蓋，微笑，像在測試最能展露自信的角度。阿健在我們兩個中間，開玩笑地靠著我。我剛剪過頭髮，穿著我最愛的Fred Perry襯衫與木匠牛仔褲。我朝阿健靠過去，擠進他的私人空間，想逗大家開心。我閉著眼睛，假裝舔他的耳朵。阿健則裝出一副意志消沉的樣子，他直直瞪著鏡頭，迷惘地咧嘴一笑，像一個為鬧劇瞬間所苦的直男。

阿健是過來念書的，但我才剛買了兩張CD，一張放在我的桌子邊緣：《來自威希卡河的泥岸》（*From the Muddy Banks of the Wishkah*），一套超脫樂團的現場錄音選輯。我有幾張超脫樂團的演唱會盜錄，聽起來就像有人在寇特．科本的麥克風上蓋上一層厚重毛毯。但這套CD裡收錄的演出，迫切而俐落。我驚訝於竟然還有更多超脫樂團歌曲留存於世。我在他們名聲達到巔峰時離棄了他們。他們現在已經不如我高中時那麼受歡迎，讓我對這些歌曲產生一種懷舊的憐愛。

遺作唱片之為一種新發現的神祕文物，暗示著你也可以從自己身上挖出一些新鮮事。科本的歌曲刻劃出一種僵直的當下——他的當下。定義他個人現實的煎熬情感，全被完整地帶到遠於他壽命的未來，好讓我們都能將其當作自己的情緒一起承擔。這整件事想像起來很奇怪。我們忍不住想仔細品鑑這張CD每一瞬間的張力與掙扎——預示即將到來事件的徵兆。在科本死後，他生活的每個細節都被塞進關乎興衰起落的敘事框架裡頭。無聊、挫折、憂煩、寂寞、喜樂——這些情感直到很後來才逐漸清晰，作為驅使著他的洶湧生活外力成群而來，而不只是作為界定出他日常生活的不安肌理。

阿健也喜歡超脫樂團，只是不在我們設法用功時喜歡。他不斷把我拉回文本閱讀上。我猜他大概是那種在〈就像少年味〉大賣之後才對他們產生興趣的人。他更愛珍珠果醬。有一次，他跑了老遠找到珍珠果醬某首B面曲錄音，驕傲地跑來跟我說這件事。這是人格成長的跡象，我心想，我竟然能跟這麼愛珍珠果醬的人做朋友。然而越常混在一起，我就越無法肯定自己有如此優越之處。阿健的酷，無關乎精通某種亂七八糟的深奧知識領域。無論是跟兄弟會派對上的女生搭訕，還是陪我去逛唱片行，他都自在大方；他抛接話題也似乎毫不費功夫。

你以你購買的物品搭建出一個世界。你挑選的每樣東西，都是一處潛在的入口、一處微小而表面的改變，從中可能綻放出一個嶄新的你。一件搶眼的襯衫能讓你用來樹立新個性，一張稜稜角角的茶几能使你的環境煥然一新，還有就是每個時髦的英文主修生都會帶著到處走的那本厚重小說。你為了向某個小小部落輸誠而買些什麼，並且期望能在結帳隊伍中遇見跟你買了相同冷僻玩意的唯一那人。我也想成為可以在稜稜角角的酷茶几上隨手放著幾本《無盡的玩笑》（*Infinite Jest*）那類書[3]的人。或許我會成為看起來像應該擁有那本書卻選擇不去擁有的那種人。我會在阿米巴音樂城（Amoeba Music）泡上好幾小時，在同樣的幾個唱片區域（「搖滾」、「獨立」）往返逡巡。音樂城裡還有一整個館，專門劃分給爵士，以及一種叫做世界音樂的玩意；我期待終有一日能成為懂世界音樂的人，並舉一反三，進而懂這個世界。某天，我買了一張叢林舞曲（jungle）十二吋唱片，純粹是因為在雜誌上讀到的一段敘述。起初我以為那張唱片是瑕疵品，因為音樂除了有如唱針不斷跳掉的打顫鼓聲與低音旋律之外別無他物。歌曲的其他部分哪去了？但接著我領悟到叢林舞曲聽起來就該是這個樣子，這種低音旋律正是通往全新他方的傳送門，我迫不急待想聽更多。於是我開始在咖啡廳和唱片行拿銳舞派對傳單。想到這世界上還有那麼多音樂等著我去聽，就讓我精神為之一振。

同樣的道理，陪別人一起購物、任憑自己被拖進其他時候會避免走進的商店，也能帶來親密感。我會陪阿健去麝香四溢的男裝店買新外套或棒球帽，他則會陪我去阿米巴音樂城對面的歌蒂書店（Cody's）——那裡有我此生看過占地最廣的雜誌區。我在書店裡待的時間總是比他在男裝店還久。在我尋找新發行的小誌、獨立漫畫、歐洲音樂雜誌之際，他會耐心地瀏覽我不感興趣的書區（「男士生活」）。有一天，他買了幾本我沒聽過的雜誌。其中一本是第一期《美信》（*Maxim*），看起來性飢渴得誇張，裡面都是泳裝模特兒與玩物；他保證裡面的文章遠比我想像的還要聰明。另一本是小型地方誌，名為《或許》（*Might*）；他被封面上挑釁的問句吸引到了：「黑人會比白人酷嗎？」

終於，阿健徵求我為我的小誌撰文。就在我精心闡釋著反消費主義的妙論，或者評論

3 作者為大衛．福斯特．華萊士（David Foster Wallace, 1962-2008）。這部小說於一九九六年首次出版時，為厚達一〇七九頁的精裝本。

我欣賞的其他較具規模的小誌之際，他有時會在我旁邊寫作業。我猶如在裁定是否給他賞賜那樣盤問他。我們的音樂品味相差太多了，我毫不考慮刊登他的任何聽後感，所以他寫了篇介紹瓦利・喬伊納（Wally Joyner）的短文給我，喬伊納是他鍾愛的聖地牙哥教士隊一九九六賽季的新進球星。**這篇文章實在不太適合我嘗試走的路線；而且我的讀者們還算見多識廣……他們不太關心棒球**。他沉著地接受我的批評。後來，他將文章改編成一篇侷促老套的讀者投書，寫運動迷文化、萬年輸家，以及我兒時愛過的球隊——舊金山巨人隊的偽善。我說我未來某刊會試著登這篇文章看看，然後就將其堆往遺忘的角落。

我開始向主攻獨立音樂的各家專題通信群組（listserv）[4]投稿。電子郵件如今不再是愚蠢官僚的累贅，而成為下課後直奔回家的理由。專題通信來訊中的唱片推薦與參考資料，我讀得比課程讀物還仔細。寫電子郵件有如探索一種新文類，帶有專屬獨特的睿智親暱腔調。專題通信群組上有人住我附近的富頓街。他某天晚上邀請我過去，為我播了一些他朋友們的錄音。認識玩樂團的人感覺很酷。但我覺得還是跟他通電子郵件比較自在。我對根本沒想過會碰到面的芝加哥、哈利法克斯或馬德里群組成員，寫下投注靈魂的長篇訊息。我跟那些就憑郵件地址不以.edu結尾而顯得優雅幹練的人交換錄音帶合輯與小誌。

把阿健排除在這個我剛發現的天地之外，多少讓我感到良心不安。他曾對我說自己也想跟玩樂團的人交朋友。但我估計沒多少事情能真正動搖他的自信。他認為人生而善良開明，我則視差勁的CD收藏為一種道德缺陷的鐵證。我的這一面從來沒影響到他。他反而領受我的委婉嘲諷，再請我幫他用錄音帶拷貝摩哈維三人組跟狂放王者樂團（Push Kings）的歌曲。我後來在想，他到底都從我的小誌裡讀出些什麼。每當他對現狀表示懷疑論調時，我都有那麼一絲勝利感——**加入我這絕望的犬儒陣營吧**！或許他是受了我的影響，外加我用毛氈剪成紅星別在外套上並對每個問起的人自稱為馬克思主義者。

——

靠近學期中的某天，教授在課堂上放映了《堤》（*La Jetée*），一部法國製片人克里

4 亦稱mailing list，為一種早年網路服務，能藉由伺服器將單一封電子郵件同時轉寄給伺服器清單上的所有收件地址。

斯·馬克爾（Chris Marker）的短片。那部短片的故事簡單，講述未來文明嘗試藉由時間旅行解決人類滅絕問題。我們體會到了嘗試理解崇高而難解的事物所帶來的迷亂，一邊嫁接著我們的初階物理知識以及更初階的對海德格的理解。我拜倒於馬克爾以極少創造極多的能力。這部短片主要由一系列靜態黑白影像與最低限度的配音構成。我相信自己是在更深刻的層次上欣賞馬克爾的信手捻來；那部短片讓我想到小誌。我想我也可以創作一部靠靜態影像與配音就能風靡觀眾的短片，只要我想得出一個好故事。

我借了一捲《堤》的錄影帶回家以便自行研究。阿健也喜歡這部電影，並告訴我準備重看的時候記得叫他。我因為自己執著的猛勁而自命不凡；我對這部影片的狂熱有些獨到之處是阿健可能無法參透的。我將我喜愛的事物全部據為己有。課程指定的海德格小冊子我是用買的，阿健就只是影印我的；我們都喜歡教授放給我們看的另一部影片《正義難伸》（*The Thin Blue Line*），但只有我喜歡到買了原聲帶在開車時聽。我還想將馬克爾也據為己有。我把預計重看的時段對阿健交代得過於含糊，但發現自己耍了蠢。阿健太常來串門子了，但租片期間只有七天，只是為了想獨自觀賞而招致遲還罰金，實在說不過去。

我們再一次受《堤》擄獲。《堤》片長二十八分鐘，所以倒帶後反覆重看、詳盡討論片中的兩難與可能，並非什麼難事。即使我維持兼容並蓄感的衝動相當之低，我依然樂於跟另一個人共享那全部敬畏之情。

《堤》的故事背景設定在第三次世界大戰後，人類僅剩的倖存者在地底下生活。科學家找到了一種把人送到之前或之後時間的方法，可是多數時間旅行者都在過程中發瘋了。他們最後找來一名囚犯，他的精神力強大到足以執行任務：「告訴過去與未來——要設法拯救現在。」一段他兒時的戰前回憶在他腦中揮之不去。那些記憶他腦中閃爍浮現：一個美麗的女人在機場等待，一個男人還沒碰到那女人的手就死了。這些畫面都是同一個故事的片段——一個他只能感覺、卻無從言說的故事。

但這段記憶的力量似乎能讓他在穿越時間時保全身心完整，並為他提供其他時空旅行者缺乏的某種韌性。他並不曉得這段記憶是種警告——他正是那個死去的男子。一旦他拯救了世界，他對掌權者就毫無用處了。他身陷迴圈，一切注定會發生的終將發生。我們觀賞這部影片，然後再觀賞一次；每一次他的世界都終結了。

阿健自己學會用單手點燃火柴：把一根火柴從上翻包裝裡勾出，輕劃至點燃。我練習到也能同樣做好。我們都成了道地菸槍，享受這整套過程的儀式感。有一次，我們在念書中途出來抽菸，他說起自己去找前女友的故事。他們在高中一度是對佳偶，但大學幾個學期過去之後，那些全變成前塵往事。他們那時坐在湖畔小屋的碼頭上，腳趾掠過水面。女孩覺得太陽耀眼而慷慨，她想沐浴在陽光之中。「我的人生一直都是一場夢。」她對阿健說。她受歡迎、善良、而且漂亮；她自在，但從不任性。並不是說這些特質有什麼問題。畢竟阿健曾經愛過她，愛她所體現的一切良善。問題在別的地方。

「你敢相信她竟然對我說那種話嗎？」阿健對我說。

我沒意會過來。**你還喜歡她嗎**？**你想跟她復合嗎**？

不，不是這個意思，他說著嘆了口氣。現在看來他對我也失望了。

他吸了口菸。「我的人生一直都是一場夢。」他重複道。「一場夢。」當時他無法理解的是，為什麼女孩會以為他對這句話能有所同感。「我的人生從來不是一**場夢**。」

友誼在於去認識的意願，而非被認識的渴望。阿健有時候會試穿我破舊的開襟衫或厚重的聚酯纖維襯衫，那是一種想去理解我何以看起來像個遊民的嘗試舉動。他之所以那麼做，是為了仔細對待我的所見以及我的站姿。聽他說起那場幻滅經驗，擾亂了我對他為人的觀感。我喜歡玩笑般地憤世忌俗，安於恆常缺乏歸屬感的狀態；他則是我所認識最不憤世忌俗的人，其程度導致我猜他的人生想當然爾就是一場夢。我原本想拿與白人談戀愛的危害開他玩笑，但最後決定無論他心境如何，都讓他自己靜一靜。我原先預設他的生活輕鬆愉快，有不滅的金色光輝照拂，如今我意識到這種想法多麼離譜。在那一瞬間我甚至想要守護他，因為他對生命所帶來可能性的視野竟然如此宏大，讓我感到驚訝，更帶有一絲敬畏。

———

我記得大一時第一次看到傑西．傑克遜（Jesse Jackson）[5]站在史普羅廣場（Sproul Plaza）臺階上演講，他要求我們起身捍衛積極平權行動。站得離一位英雄那麼近，又被他召喚走

5 傑西．傑克遜（1941-）是美國非裔民權運動領袖、牧師，「彩虹推動聯盟」（Rainbow PUSH Coalition）創辦人。傑克遜曾於一九八四年競選民主黨總統候選人提名，成為首位認真爭取擔任總統職務的非裔候選人。

進歷史，感覺相當了不起。幾週後，他又為了其他什麼理由回到此處；接著幾個月後他又回到這裡，提醒我們要堅定立場，明確表示。看起來傑西．傑克遜好像老是待在校園裡。

我們身在某些大事當中。一九九六年十一月，加州人投票表決二〇九號提案（Proposition 209），此提案意在消弭學校招生與政府約聘的積極平權措施。那學期我在校園家教中心找到一份打工，為有書面文件問題的大學生提供協助。我坐在服務臺前，看著未來的商業領袖與工程師與美式足球員，以及在柏克萊陰影下長大的奧克蘭第一代學生，才第一次欣賞到校園的多樣性。我們有些人是因為明確且特出的才能而得以出現在這個校園，有些人則是因為他們的潛在資質，而我們全都有許多事情能彼此討教。

在二〇九號提案顯然會通過之後，我立刻走上街頭。當晚，我走到校園鐘塔，有些抗議學生用鎖鏈把自己吊在塔頂欄杆上，除非立案被推翻，否則他們拒絕下來。有個女人跑上後山告訴大家，六〇年代知名言論自由倡議人士馬利歐．薩維歐（Mario Savio）剛剛過世了；我們心想，二〇九號提案通過，對他來說應該過於難以承受。有人抓起大聲公開始宣講，說著要把自己往國家機器拋去，用屍身卡死機器拉桿，好讓這整個可憎的體系停止運轉；我則疑惑還需要花多少人才能使這件事發生。

我跟隨人群牽引走往任何地方。一九六〇年代有時好像不曾結束，到處都能喚起當年記憶。我閱讀我能找得到的每一本黑豹黨相關書籍，接著我會在柏克萊或奧克蘭一帶與這些老男人見面，他們依舊穿著社運年代的皮革風衣，當作來自光榮往日的美式足球校隊外套那樣穿。我把短跑選手約翰·卡洛斯（John Carlos）與湯米·史密斯（Tommie Smith）在一九六八年奧運上舉起拳頭的照片貼在牆上。後來我發現我的社會學教授以前跟他們都待過墨西哥市，正是他給了那兩人這麼做的主意。

我開始在族群研究圖書館研究記載一九六〇年代社會運動的報刊，並為我的小誌影印圖片。我會把老舊抗議傳單的影本重複影印到抽象、淡薄而模糊。小誌不再是騙取他人免費CD的方式——如今，我把它當成自決與表達自由這類廣義政治實踐的一環。

某個週末，我去阿什比（Ashby）跳蚤市場，並在那裡認識了一個名叫梅爾文的老人，他在販售黑豹黨紀念品——彩色複印的老海報、印有修伊·牛頓（Huey Newton）與巴比·赫頓（Bobby Hutton）[6]的胸章、演講錄音帶。我買了一捲斯托克利·卡麥可

6 修伊·牛頓（1942-1989）與巴比·赫頓（1950-1968）為黑豹黨創立人。

（Stokely Carmichael）[7]的錄音帶和一枚弗瑞德・漢普頓（Fred Hampton）[8]的胸章。梅爾文的穿著正如他所販售照片的影中人。他在一九六〇年代還年輕時曾加入黑豹黨，如今仍在發行一份叫做《紀念者》（*Commemorator*）的報紙。我志願為他幫忙，假如他有任何需要。

幾週後一個下著雨的週六早晨，我開車來到位於奧克蘭的「黑豹黨紀念委員會」（Commemoration Committee of the Black Panther Party）的窄小門口。梅爾文與另一個男人過來迎接我。他們都穿著皮夾克，而且都不怎麼確定該拿我這份樂於助人的赤誠怎麼辦。他們遞給我保麗龍杯裝的咖啡。

另一個人原本是黑豹黨西雅圖分部的一員。我問他是否在我讀過的知名槍擊現場出現，或者是否偶遇過李奧納德・佩爾提耶（Leonard Peltier）——一位在太平洋西北地區活動的原住民運動人士。他停滯了一瞬間，啜飲一口咖啡，在心中衡量著：究竟是幽我一默，還是讓我失望會比較有效果。「有見過，」他看著杯中說，「我記得他。」

梅爾文向我指出他們的電腦所在。他們需要有人幫忙為幾篇文章編輯字體格式。下一期，他說明，要刊出一起北加州小鎮安德森鎮（Anderson）神祕私刑案的報導——

三十多歲黑人男性屍體被人發現吊在樹上。那天接下來的時間我都在複製內文並加以編輯、調整圖片說明、確定每個跳頁指示都對應到正確頁面。受害者屍體遭人損毀的黑白照片刊印在頭版上；在這種恐怖面前，擺弄字體與印刷邊界看起來只是一連串瑣碎無用的雜務。工作結束後，梅爾文回到辦公室向我道謝。我留下我的地址以便他能寄幾份報紙給我，他叫我把多出來的分送給同學。當時已是一九九七年，梅爾文說，而3K黨竟然準備重出江湖。他並沒有受到驚嚇或多慮起來，就只是無可奈何。3K黨從未離去。

一九六〇年代實際上到底是什麼樣子？我們距離這段經常被提起的時期並不久遠，卻讓理解這段時期莫名變得更不可能。我們周遭都是《六〇年代柏克萊》（*Berkeley in the Sixties*）所記錄事件的倖存者；那是一部會在新生週播放的紀錄片，講述本校光榮的抗議傳統。倖存者中有人依然遊走在校園中，身穿標語牌，對著隨機人群朗讀宣言。有人則在學院裡堅持下來成為教授，失望於我們這個世代的意識散焦成各種小眾議題，又

7 斯托克利・卡麥可（1941-1998），曾任學生非暴力協調委員會（Student Nonviolent Coordinating Committee）主席，也是黑人權力運動（Black Power movement）的重要領導人。

8 弗瑞德・漢普頓（1948-1969），曾任黑豹黨副主席。

把能量都灌注在雞毛蒜皮的小事上。他們可是阻止了一場戰爭呢。

有個跟我們同年的伊朗裔美國男生，開了一堂由學生主導的大學部課程，主題是已故的吐派克・夏庫爾（Tupac Shakur）。某天在一堂中世紀文學講座席中，他想起了這位近期遭人殺害的饒舌歌手，並思考嘻哈是如何為我們這年紀的人提供一種重新思考英雄主義與騎士精神的方式。他想出課程規畫與閱讀書目，劃入阿菲妮・夏庫爾（Afeni Shakur）[9]的黑豹黨歲月，乃至一九九〇年代的主流嘻哈音樂。這堂課是一場嚴肅的壯舉，來自全國的記者眼見如今在大學裡能學饒舌音樂，全都看得目瞪口呆。

想到我輩竟然有人能把如此大膽怪異的課程加進課程總表，實在讓人興奮。這就是前人的奮鬥想換來的世界嗎？多樣化的校園就是那些奮鬥成功的跡象嗎？或者只是證明我們全都能與同質、無趣、布爾喬亞的人生軌道合流？吐派克究竟是動搖了我們對於核心課程的想法，還是單純作為一個美國不法分子備受愛戴，而更進一步證明這個國家在為每個人騰出空間時力有未殆呢？

阿健跟我講起他修的一堂高年級修辭學專題研討，課堂上的對話主題來到種族。大家開始互相攻擊，在黑人白人之間劃清界線。這件事他描述得好像什麼誇張的酒吧口角。「這個白妞哭了起來。」他說，接著越來越多人跟著哭了起來。他在這場對話中處於何種立場並不明確——假如有人能先注意到他並開始跟他爭執。有關種族歧視的共謀、受害者與種族主義色盲的引證在教室裡你來我往，各種控訴從他面前幾吋之處擦過，而他身在這一切紛爭的中央，既不黑，也不白，就只是仔細觀察其他人沒有注意到的身體姿態與細節。他並沒有哭。他的存在根本很難被人發現。他在描述不同角色時看上去既高昂又迷惘。

我們都是亞洲人，亞裔容易打發跟學業表現佳的種種刻板印象，我們也都了然於心。然而，我們來自截然不同的兩個世界。我還記得他有時過來我這邊卻忘記脫鞋，那感覺有多怪。成長過程中，日裔美國人為所有新進的亞裔移民樹立一種奇怪的典範，暗示著我們日後可能的模樣——一塊讓世代綿延至未來的墊腳石，並養成一種輕鬆自若的

9　吐派克·夏庫爾之母。

歸屬感。我聽了一場精采講座，主題是二戰時期的日裔美國人囚禁行動，也對阿健提起。他說他家族裡有人就在拘留營裡長大，那位家人回想起一些相傳下來的故事，說是當年的小孩並沒有認知到事態多嚴重，因為他們整天都在打球。他能與教科書對我們灌輸的歷史牽扯出明確關係，讓我感到訝異——又略為感到嫉妒。

我想這就足以解釋我們為何如此不同。他覺得自己算是美國文化的一部分，而這是我無法想像的。他曾開玩笑說，要是他被取了個山崎廣（Hiroshi Yamasaki）之類的名字，而非直白主流的健（Ken）[10]，人生應該會大不相同。我倒是不以為忤地在邊緣辛勤耕耘，在大世界裡劃分出小世界。大學才第一年，校報《每日加州》無視了我每一篇投稿，我那擁有廣大讀者的作家之夢就碎光了。二年級剛開始，我偶然發現《偏頗》（*Slant*）的傳單，那是一份由來已久的亞裔美國人校園刊物，當時有幾個大四生設法重新發行。我巧妙利用在《偏頗》待過一學期的經歷，進入一間唐人街社群報社實習，在那裡寫電影節、藝術展覽、當地戲劇表演。在一間普通人都有所耳聞的報社工作，看來已毫無可能。但我不以為意，樂於畫地自限，只要那地還是我的就行。

有一陣子，我覺得阿健跟趙亨利（Henry Cho）長相像到嚇人。趙亨利是一位我在有線電視上看過的韓裔美籍喜劇演員，他有著隨和親切的笑容與平淡緩慢的腔調。他的賣點在於他演觀察型喜劇，這些觀察都出自一位美國南方的亞裔男性，並對日常裡的種族歧視做出快活而自損的回覆。我從實習報社帶了一張趙亨利的傳單回家，然後湊到阿健面前。趙亨利並不是太有才華或太好笑，所以阿健還以為我是在羞辱他。最起碼你看起來有一點像還算出名的人，我說明，電視上的人。

有一天，實境秀《真實世界》（*The Real World*）的選角人員到阿健的兄弟會舍尋找有潛力的參與者。他們通常會在兄弟姊妹會體系這樣挖角：先在全國校園舉辦非正式的聚會，接著對貌似有興趣的每個人提供正式試鏡機會。阿健出於好奇就去探個究竟。我當時肯定他會被選上，甚至已經開始幻想該怎麼把他的電視明星事業轉化為我的小誌素材。但他要是有心被星探相中，也不會對我坦承。

大家都在起居室盡力對MTV工作人員發散一種神祕而好親近的氣息。阿健反而問選角人員說：為什麼他們節目裡從來沒出現過亞裔美籍男生？《真實世界》已經用完再

10 Ken，或者Kenny，都是Kenneth的暱稱，阿健的全名為Kenneth Naoshi Ishida。

現各種認同與個性的花招了。我們怎麼樣？「她說我們沒有那個節目需要的個性。」阿健告訴我。

我開始嘲弄那個節目以及任何想辦法上那個節目的人。我從來沒想過能在影視作品中看到自己，反正我們酷到才不會去鳥那種事。節目原則就是那樣，阿健解釋。我們的世代比起以往任何時候都開明、寬容而多采多姿。可是那個手握大權的挖角人對實境的想像當中，竟然容不下我們這樣的人？

阿健希望自己能登上世界舞臺。現在卻搞得好像我們剛剛發現這件事可能不會成真。「我是一個沒有文化的男人。」他說，而我訝異於這句感觸的誇張語調，也訝異於他已經把自己當作一個男人了。

那段日子裡，我們花很多時間聊情境喜劇，試圖回想起每一部只撐了一季的怪劇，辨認出每一個讓電視節目好預測的討喜橋段或角色類型。我們列出一份短表，記錄著我們記憶中每一次看見的亞裔外送員，甚至是游離在劇中主要交友圈之外的亞裔熟面孔。我以為我們只是在摸魚殺時間。然而阿健卻是在將一個描述世界的理論碎片給拼湊起來。

真誠地做你自己是什麼意思？約於一九九〇年代中期，加拿大哲學家查爾斯・泰勒（Charles Taylor）開始思考古往今來的人如何處理個體認同這個問題。在過去，個體認同並不成問題。你生來就進入一個定義明確、囿於一套階序系統中的位置上，而你會接受這就是萬物的自然秩序。在封建與舊世界紐帶消解後，新的社會經濟流動可能湧現，而這種萬變無常感染了人的靈魂。人開始想知道在剝開層層表面後，是否還有可能發現自己具備某種天生特質；又或許，其實並沒有什麼天生特質，我們總是處於自我發掘、自我創造與回顧審視的過程當中。對某些人來說，這過程體現為無止盡的飄蕩與搜尋；某些人則發現獲取身分認同後帶來的機會能為他們賦權增能。但我們在找的都是同樣的東西：得以造就你自己的特質。

泰勒將這種特質稱為本真性（authenticity），而本真性遂成為現代生活無法觸及的地平線。這個概念只在缺失時才得到意義；一個人明顯是在裝模作樣時，我們辨認得出他的非本真與虛偽。然而，為了感受本真性所做的奮鬥卻依然相當真實——就算我們比他更懂。在泰勒的敘事中，人人都是某種藝術家，發揮創意去調動定義我們自身存在的種種參數。他如此描述此一觀點：「忠於我自己，就是忠於我的原創性，而我的原創性是唯有我能加以強調與發現的。當我強調原創性，我就定義出了原創性。」雖然這一切聽起來很紙上談兵，可是「真誠地做你自己」這件事並不會無中生有。建構你的個性是一場賽局，你需要與他人的期望交鋒。泰勒解釋，本真性的前提是對話，因此源自與周遭他人的交往。我們都想尋求認可，哪怕你想從親密朋友口中聽到的是：你是他們永遠無法真正理解的絕世怪咖。

那年冬天，我徹夜完成我的第五期小誌。裡頭有一頁列出我最愛的網站（「驚人的卡爾．馬克思網站」、「人行道樂團現場錄音，全RealAudio格式」）；我獨自參加奧克蘭的倉庫銳舞派對的報導；我在報社實習寫過的亞裔美國電影節花絮；我透過安東尼認識的漂亮滑板女孩寫的一首詩。我收到她的詩作時很傷心，因為這首詩寫的是她喜歡的男生，而那個人很明顯不是我。最後：把羞澀吹捧為美德的多張矯情七吋單曲評論；一面跨頁寫我私房校園滑板地點；列有我最愛的七部一九八〇年代香港電影片單。

「小誌是人生的隱喻，」我的開篇詞這麼寫著，「它是你的創造與你的聲音與你的生活……一種無法被任何人曲解又能夠被所有人接納／痛恨的表達形式……創造、破壞、顛覆。沒說出來的話就沒人在意，就算有任何道理在。那麼就走向世界吧，拍攝影片、製造喧鬧、複印小誌，為世界留下你自己無可抹滅的印記。」我把小誌塞進柏林牆（Wall Berlin）或米蘭（Milano）[11]的報章雜誌裡。我最後說服歌蒂書店讓我寄賣幾本。我也送了一本給大學大道上那間菁英唱片行的一位店員，幾週後我看見他把那本擺出來賣。他認為有人會掏錢買我的小誌，使我受寵若驚。

校園裡有個捍衛積極平權措施的組織，看起來稍嫌狂熱。該組織中究竟有誰實際就讀柏克萊則不得而知。有一次，《每日加州》一篇專欄對該組織的批評激怒了他們，於是他們在堆放免費《每日加州》的書報攤旁舉辦了一場集會。一個拿著大聲公的男人吆

11 「柏林牆」與「米蘭」皆為柏克萊的咖啡館。

喝：「我要你們走過來，抓一疊法西斯的《每日加州》，統統丟進那邊的噴泉裡！」有個抗議同志在他耳邊說了聲悄悄話。「喔，這樣。我要你抓一疊《每日加州》**統統回收掉**。」謠傳這個組織受中情局金援，以抹黑其他校園社運人士。

某天阿健與我走路去上課，撞見他們在薩瑟門（Sather Gate）示威。我們都覺得他們的抗議令人沮喪，雖然原因各異。我當時開始在奧克蘭的一個課後輔導計畫中教學，我還親身走進校園社運人士的世界，承襲了他們對這個組織及其過火話術的不信任感。令阿健沮喪的原因則在於實用方面——他推崇的是策略性的解決方案：或許我們能在法庭上爭這件事。「你們希望藉由這場抗議達成什麼？」他向主辦方發問。「讓大家意識到我們的困境。」一個女人一邊解釋一邊遞了張傳單給我們。我不太確定那句話是什麼意思，因為她是個白人，也就不會是右翼致力於重啟種族隔離的明確標靶。她與抗議同志們堵起了薩瑟門，而她身旁有一個還開著的校園閘門，閘門上掛著一張標語，意在羞辱每個繼續走上這條路的人：「僅限白人男性」。

我們都不是白人男性，這點我們心知肚明。我們只是不曉得該怎麼解釋我們是什麼人，而且要在一張抗議海報的張貼期間之內解釋清楚。阿健提議我們應該寫一篇讀者評論投稿校報。我在他懇切的改革派提問旁穿插一些諷刺笑料。這個運動需要路障與草根組織者，但也同樣需要教室、法律挑戰、努力從內部逐漸改變體系的人。朝著只是想去上課的盟友臭罵一頓，既愚蠢又拒人於外——尤其我們又不是白人男性，他們那副嘴臉看起來又更蠢了。我們文章在俏皮歡樂的語調中做結，自滿於揭發了該組織的狹隘心胸。

接下來幾個月內，我就會體悟到，有時在公眾之中喊叫、呼口號、歌唱、挑戰惡勢力，並不總是試圖想成就什麼。有時那只是為了讓你的聲音融入其他人的聲音——身處人群之中的匿名感受，明白你是為了另一個人而出現在此。你的情感超乎你所能掌控，於是你便對著誰高吼，即使他們並非你真正該吼的對象。

但是，在那當下，我們不確定該做什麼，所以我們只是走過了那道門。

ELEVEN

阿健跟我在圖書館讀書，就在我們的名牌正下方。我問他想不想跟我抽根菸。

我喜歡跟他走在一起。南轅北轍的一對拍檔行走江湖。我們會注意到相同的事，汲取日常中美麗與怪異的微小瞬間，像是在披薩店工作的男人以特出的喉音對過路人高喊「熱！起司！披薩！」。後來那成為我們日常用語的一部分，一個表示放飯時間到的信號。或許我們會偶遇某人，而阿健的瀟灑自信能向那個人證實，我也同樣在以我自己的次文化風格瀟灑並自信著。

菸抽完時，我們已經走到電報街上。我問他要不要跟我去阿米巴音樂城，幾分鐘就好。

入夜的唱片行有著截然不同的活力，裡頭到處都是為了找尋些什麼而在深夜遊蕩的人。阿健跟在我後頭逐一走道地逛。我拿了一套盒裝組給他看，是我最近迷上的海灘男孩（Beach Boys）的《寵物之聲》（*Pet Sounds*）錄音室版全輯。在我長大過程中，爸媽沒收藏過他們任何專輯，我將此舉視為知情判斷。但我讀了一篇文章，寫到他們在最走紅歌曲〈只有天知道〉當中灌注的狂熱完美主義，之後就去找了《寵物之聲》來聽。結果海灘男孩有夠棒的。

這個樂團的每件事都是假的：他們只有一個人真的會衝浪，其他人都比較是室內派而非戶外派，他們召喚出的什麼正能量都只是湊巧而已。他們微風輕拂般的合音，反映的比較不是合作與友情，而比較是團長布萊恩．威爾森（Brian Wilson）的微觀管理。他耽溺於將自己的迷幻視像轉譯成聲音，以致把自己逼到理性崩潰邊緣。

我指著七個不同版本的〈只有天知道〉——一首已經成為這世界關鍵要素的歌。**會不會太扯**？我不小心脫口而出。「你需要這個，」他明知我想聽才這麼說，「七個版本欸！」

一九六六年，在準備灌錄〈只有天知道〉之前，布萊恩要他弟弟卡爾（Carl）唱過一遍。卡爾的嗓音有種純淨與溫柔，是極權天才布萊恩所缺乏的。卡爾唱出了他那顆持續處於破碎邊緣的心，唯有穩定鬆緩的節奏能帶領他唱完全曲。我之前以為一九六〇年代風格的解放是脫韁而狂熱的。但這首歌裡的合音卻帶有幾乎邪典的質感。

阿健跟我返回圖書館。我收拾完東西就衝回家聽我的新CD。其中一版〈只有天知道〉有一段響亮的薩克斯風獨奏，另一版則只有人聲，又另一版將人聲剝離、只留背景合音，還有另一版強調了弦樂。聽這首歌被解構成這些分部實在索然乏味，但並不是因為這些版本聽起來輕薄無力，而是因為我已經聽過原版太多次，每一次聆聽累積起來，轉化出一種特定氛圍。〈只有天知道〉暗示著在愛情之外還有更多事物值得追求。我沒辦法從歌曲本身找出這些情感。那會是在歌詞裡嗎，訴說兩人漸行漸遠而重新發現生活目標的傷心歌詞？那會是在人聲交融的神奇震顫裡嗎，只因為卡爾召喚出了布萊恩寫得出來卻唱不出來的情感？或許那情感並不在於歌曲本身，更在於反覆聆聽的記憶層層堆疊。

——

到了大三，安東尼與我搬往錢寧路上的公寓大樓。帕拉格跟西恩已先我們一步住進這棟大樓。西恩是個臭屁的印度人，主修經濟。他有一張自選車牌，寫著

「BUCKWILD」（瘋到失控）。而雖然他來自聖貝納迪諾谷（San Bernardino Valley）一處相對安靜的市郊奇諾（Chino），他卻自我部分認同為紐約人，只是因為他小時候曾經何其短暫地住過紐澤西。西恩總愛口不擇言，幾乎是想挑起口角，卻也為我們的小團體引進了一種惹人憐愛的混亂活力。

我們的新家就在舊居往西三個街區，但一夕之間我們就住得離一群朋友更近了：帕拉格跟西恩住在走廊另一頭；葛溫住同一條街，就在錢寧富頓街口；阿列克與珊米共住一間位於加油站後方的狹窄兩房公寓，就離葛溫的住處一個街區遠。

我們的錢寧路之家只有一間寢室，所以安東尼時常在他女友溫蒂那過夜。我挑釁地用樂團傳單、一九六〇年代報紙影本、抗議活動拿回來的海報與標語牌來布置整間屋子。我的書桌——靠兩個檔案櫃支撐起來的一扇門板——占據了我們客廳的整面牆。我現在住的房間不只放得下我的立體音響與唱片收藏，還能放一部可用於小誌製作的掃描器。現在，與其考驗影印機的極限，我能改用電腦操縱影像。或許我長大後能當平面設計師。

阿健這回送的喬遷禮物，是一個沒有數字的現代風掛鐘，構造只有一圈白色圓圈與戳出圓外的指針。我在對待那些讓我覺得設想不夠周到的禮物時，態度絕對是生嫩了。某年，一群朋友一起幫我弄了顆呼叫器，雖然我很明顯就是會抗拒呼叫器這種玩意的那一類人。那個呼叫器每個月不斷提醒我自己有多麼感到遭人誤解——就在我繳納隨它而來的帳單那一刻。阿健覺得那個時鐘適合我的風格。它酷就酷在讓人感覺生活夢寐以求，而且像個大人，我欣賞。

阿健那年也搬出了兄弟會舍。他跟幾個朋友住在學院大道上——柏克萊一個迥異的區域。**這裡還算柏克萊嗎？這裡是奧克蘭的好區嗎**？我必須開車才能去到那裡。我們會走學院大道到羅馬（Roma）[1]，裡頭坐滿我以前沒看過的柏克萊學生；或是去日本餐廳吃飯，偶爾揮霍地加點一道前菜。接著我們會回到他的住處，在有樹蔭遮蓋的陽臺上坐坐，抽我們的菸。他開始抽起奈舍曼（Nat Shermans）牌[2]的菸，然後看了某部電影後改買Export A[3]。他有個白人室友十分喜愛有關亞洲人的黃色笑話，阿健則會帶著痛苦的厭倦感對我重述。他看起來更成熟了。或許是時候離開兄弟會了，他邊說邊想，或者起碼把最後兩年專心在課業上。在傍晚某種時分的某種光線之下，他的頭髮閃著銀光。他的頭髮曾經長而捲曲，還是焦糖色的，現在則偶爾會剃短。

他問我要不要跟他一起創辦社團。「多元文化學生聯盟」（The Multicultural Student Alliance），湊合起來也算一種兄弟會。一位族群研究教授曾帶來一次啟發人心的演講，主題是一九六〇年代的社會運動如何讓他明白身為一位奇卡諾人（Chicano）[4]意味著什麼。阿健有意延請像那位教授般的人物來指導我們，教導我們各自的歷史，分享他們在我們這年紀時的經驗談，也或許為我們牽線實習或工作機會。我們都大三了，開始思考未來也是很合理的。我告訴他，這社團聽起來跟他的兄弟會過度相似。我們應該爭取的是比包容多元文化更基進的什麼才對，我說。我們何不投身拆除整個腐爛體系呢？否則這不過就是在聯誼，難道那位教授在那段日子以來奮力爭取的就是這種事嗎？我們不過是在浪費自己的時間，也是在浪費他的時間。阿健被惹火了，但並未氣餒。他認為有很多人可以從他的想法中受益，便著手進行計畫，請人做了一些徽章，然後跟一個我不認

1 咖啡館名，全名為Espresso Roma，已於二〇二一年八月歇業。
2 一九三〇年成立至今的奢華雪茄與紙菸品牌。
3 日本菸草國際公司（Japan Tobacco International，簡稱JTI）的加拿大品牌。二戰時期曾經對加拿大軍人推出免稅菸款以提振士氣。
4 即墨西哥裔美國人。

識的人在史普羅廣場上擺起一張長桌。

我開始覺得政治學的課程無聊起來——有關裁減軍備、美國好訟風氣、遊說的來龍去脈等那一切討論。我盡我所能多修些族群研究與亞裔美國研究課程，讓自己沉浸於先行於我們的不同傳統之中。翻找過去歷史為我帶來慰藉，並讓我不禁要想，這些團結與行動的時刻是否能藉我們這個世代碰撞出新火花。出於紀律，我停止閱讀虛構作品。我現在想學的，只有在我們面前被否認的各種歷史。

我在里奇蒙青少年計畫（Richmond Youth Project，簡稱ＲＹＰ）當志工，那是一所社群中心，主要協助東南亞中學生。我並不完全清楚該怎麼展開研究員或平面設計師職涯，所以我想教學會是個合理的備案。ＲＹＰ位處高速公路旁的一座大型廢棄購物中心。曾為這座新興造船城鎮服務的少數營業店面，如今變成：立面帶著拱廊的小教堂、假髮商場、無人上門的募兵中心、寫著三到四種不同語言的塗鴉。

每週五下午，柏克萊志工會在桉樹林（Eucalyptus Grove）附近碰面，那是我從來不知道有其存在的校園一角。即使我們以命名這種獨特的方式把校園據為己有，意識到這座大學還有多少地方依然成謎仍使人感到謙卑。我們等待有車的人來把我們載往里奇蒙，要開車去那麼陌生的地方讓我感到憂慮。那裡大約往北二十分鐘車程，我們在路上開始互相認識——家鄉、主修、對主流與地下嘻哈樂的想法。我認為自己有必要開始聽更多地下嘻哈。

大家都是亞裔美國人；他們看起來就像我應該已認識的人，只是他們的父母大多是公車司機或餐廳員工、一九七〇年代的社運分子或左派牧師，而不是工程師。我羨慕他們每次前往里奇蒙時的自在。有幾個奧克蘭來的女性是家族裡出的第一位大學生；她們年紀更小的時候，也曾受惠於這樣的計畫。相較之下，我的人生軌跡容易預測而無趣。前幾個星期我從未坐過副駕駛座，只是坐在後座聽別人說話。

我們都是二十歲的人，指導青少年如何規劃未來。下午活動沒有什麼實際架構，只是聚在一起，聊聊導生最近發生的事，一起寫寫功課。他們大多是瑤族人。瑤族本來是起源於中國的少數民族。十七世紀至十九世紀之間，瑤族人為了逃離漢族的多數迫害，慢慢遷往整片東南亞重新安家。他們居住於寮國的高原，以農耕為生，大多不與外界往來。一九六〇年代，隨著越戰橫掃到該區域，美國人招募了瑤族士兵以回擊南越民族解放陣線。對現代科技所知甚少的男人們分配到了機關槍。兩百萬噸的炸彈落在寮國土地，摧毀了瑤族人賴以維生的森林，毒害了他們的水源供給。在美國人離開後，倖存的瑤族人先後往泰國與美國尋求庇護。在一九七六年到一九九五年間，大約有四萬名瑤族難民到美國安身，他們在像里奇蒙這樣就近低技能工作與可負擔住所的地區尋求出路。

我們的學生因為家人與本中心而對這些歷史有大概認識。我會知道這段歷史，則是因為我修的某堂亞裔美國研究課講過東南亞離散史。他們的生活有些讓我感到熟悉的部分。他們的父母都盡可能忙於多份兼差，而他們與過去保持的連結比較偏向家戶內的傳統而非政治。像是「屠殺」或「創傷」這樣的字眼，在家中是禁止使用的。

一陣子以後，我也開始開車去里奇蒙。我指導的學生大多是七年級男生，他們看起來好像共用了一個衣櫃，把垮到礙眼的二手牛仔褲、Nike運動衫、風衣外套交換著穿；特殊場合就穿FUBU球衣[5]。他們頭髮兩側都推到貼平，中間保留輕飄瀏海，以致頭型總是有點往前偏斜。我本來以為只要我人到場並付出耐心就已足夠，因為我對他們各自的生活也沒有多少見解。我們同為亞裔這件事，對我而言比對我的導生還重要。對我而言，亞裔美國人是一個雜亂任意的身分類別，卻也是產生自同一份集體奮鬥的身分類別。那是個寬廣到足以容下我們所有希望與精力的類別，有著貫串不同國籍與階級的相似之處：難溝通的父母、食物的文化重要性、在家裡都要脫鞋。我們的年輕導生只是需要了解到，這樣的一種社群同樣是屬於他們的。

他們的世界觀充斥日日上演的部落主義。是有亞裔驕傲這麼一回事，但就連這種驕傲都要再細分成瑤族與苗族，或者寮人與越人。身為父母在幾十年前來念研究所的台裔美國人，我對他們來說可能也跟從火星來的沒兩樣。這些男孩子向黑人同學參考借用了許多文化與想法，他們或許跟黑人同學而非我這樣的人具備更多共通點。某天下午，我開車載他們其中幾個回家，幾個隔壁車道的青少年投來眼光後板起臉孔。他們不是瑤族人。我其中一個學生亮出一把我根本不知道他帶在身上的手槍，其他車輛才紛紛散去。他指著他們大笑：「中國鬼佬。」我好奇自己在他們的分類中屬於什麼，但沒有好奇到非得開口問不可。

我是比較安靜的導師，而因為我鮮少告訴導生該做什麼——除了不要再把槍帶到我車上之外——我大概看起來很和善，可能還有點好欺負。他們喜歡把我盡可能推得遠遠

5 服飾品牌For Us By Us的簡稱，起源於美國九〇年代，為嘻哈文化中的經典品牌。

的，但我是個頑強的存在，也是一個積極的私家司機。我要是取笑他們的穿著或髮型也都無傷大雅。每當有個真誠的瞬間不期而至，我會對他們做些承諾：只要他們用功而且去學校，一切都會好起來。與此同時，我也不斷在週末帶他們去逛商場或看電影。或許他們最終也會進柏克萊，就像我們這些導師一樣。

回到校園，志工會聚在一起，聊聊指導只比我們小個幾歲的人意味著什麼。我們主要的權威來源是大學生身分。可是，假如大學不過是一種複製特權的手段，我的一個朋友疑問，那為什麼要把高等教育當成他們問題的解答給出去？為什麼我們**應該**鼓勵他們上大學？柏克萊當時有四成亞裔學生，但主要都是來自日本、南韓、印度或華僑的中產階級家庭。對我們來說，柏克萊這樣的公立學校代表的是一筆划算交易，而非一條攸關存亡的救生索。我們在里奇蒙的學生被認為是處境危殆的青少年。但他們的險境不止於可能遭特定惡習所害，好比始終存在的幫派與毒品。更廣義的危險在於，他們可能會太早涉世過深——使得他們永遠沒有機會以自己的不管哪種方式發掘出自己的潛能。

在網路幾乎不受管控的早年，線上世界的寬廣是應付得來的。那感覺就像一個你能一手掌握的世界，網路上就只有那麼多空間有待探索。你能在網路上花很多時間，但沒辦法真的花到那麼多。多數時候，你會明白原來每個地方的人都會感到無聊。我們都是上來這裡尋找跟我們熱衷於相同冷門玩意的人。大家架設網站，為顯然酷到從來不用電腦的英雄們建造祭壇。網路上到處都是禮物，陌生人彼此餽贈糖果，共享相投的意氣與好奇心。一切都藉由慷慨而得以存續。

二十世紀初，人類學家布朗尼斯勞・馬林諾夫斯基（Bronis aw Malinowski）冒險踏入今天劃入巴布亞紐幾內亞的初布蘭群島（Trobriand Islands），研究該區域的禮物交換風俗。各島的住民會航行遙遠的距離，為另一島的住民獻上象徵性而看似沒有價值的項鍊與臂環。馬林諾夫斯基相信，他觀察到的是一種軟實力。禮物交換並非是一項利他行為，因為其中夾雜對回禮的期待。交換禮物的模式也不是隨機的，因為禮物依循著可辨識的模式而流動。相對地，他主張這種給予與收取的行為，將所有人束縛在一種政治程序當中；而在列島內禮物交換範圍的擴張，就象徵了政治權威的擴張。

社會學家馬歇・牟斯（Marcel Mauss）認為馬林諾夫斯基的解讀有所缺失。他認為馬林諾夫斯基過度強調交易，而非受惠感的實際運作方式。他於一九二三年發表〈論禮物〉（Essay on the Gift），以其他社會的送禮習俗，例如北美原住民的傳統、中國共有制的系統，與馬林諾夫斯基所考察的島嶼人際脈絡展開對話。牟斯引進了延遲回禮的概念。你所送出的是收到回禮的期待；然而，我們送禮與收禮的頻率卻往往是偶發的、有時還是隨機的。人際關係便在施與受的時差之間浮現。或許禮物是為了政治目的服務，但牟斯也相信禮物強化了人群還有社群之間的紐帶。你的義務不只是根據一對一的比例回禮；你盡義務的對象是「送禮精神」，這是一種共同信念。每個舉動都帶有與他人產生連結、拓展人際關係圈的欲望。

這並不是說網路上的我們都幻想自己身處一個免於市場機制的地方，即使我認識的人全都不懂該怎麼在網路上賺錢——那指的會是我每個月付給美國線上的十美元嗎？網路上的大家分享著歡喜奧妙的知識。有人為你最愛的樂團建了網頁——或許你也能起身響應，為你第二喜愛的樂團建立網頁。你張貼的是可交換的錄音帶清單——而非為了販售。我以小誌為藉口，對樂團或名人通信群組成員發問，好比：他們是做什麼的、空閒時間怎麼打發、他們多數友誼存在於真實世界還是虛擬世界。大家寄來買我小誌的一美元鈔票，我一張都沒用過。其價值勝於面額。

大三秋季學期，安東尼去塞維亞（Seville）留學，所以班——一個來自歐海（Ojai）、主修生物的和藹白人搬了進來，他的家當不過一張繪圖桌跟一部最新科技輕量單車。班老是在讀書。阿健跟西恩有時晚上會過來和我一起闖蕩美國線上聊天室。我們多數時候會登入最保守的聊天室。受到這個聊天室吸引的人都在某些方面感到孤立，好像是大環境把他們逼往此處、再逼到電腦上、再逼進這片數位未知之境，以尋求人際連結。我會取一個不一樣的螢幕假名，我們再一起假裝成一名溫文儒雅的中年白人男性，可能還是一位中小企業老闆。聊天室裡，每個人感覺都像從不同星球來的，他們身在地球某處，對世風日下感到悔恨不已。我們傾聽他們的感觸，也同意以前的社會好得太多。接著，作為一劑解藥，我們開始提倡社會主義。我們取笑這些美國老人笑到流淚。

每當朋友把他們珍貴的週五或週六夜花在這種事情上，我總覺得他們好像犧牲了什麼。多數時候，我不管怎樣就是會坐在電腦前面。但他們原本都能出去喝個爛醉、認識新妞、做些不計後果的事。他們反而擠在我的電腦前，對陌生人說垃圾話，還聽我的唱片。在歌曲間的寂靜時刻，阿健送我的時鐘在我們頭上嘀噠作響。走廊對面的朋友們在派對或約會結束後回家，能看到我們這邊在某個聊天室裡以妙語破解「人道資本主義」，他們會目瞪口呆地搖頭，原來我們竟然選擇這麼度過夜晚。

最後，我們會坐進我的車裡，開去聖巴布羅（San Pablo）一間通宵營業的甜甜圈店。我討厭朋友偷偷談論我的音樂，但更討厭阿健帶著他們一起合唱，把〈只有天知道〉的完美和聲替換成他們的五音不全。這是我的車，但不再是我的王國。西恩、班、阿健大聲而走音地唱歌，歡樂無比。

一開始，他們這麼做或許只是想惹我不爽——三個年輕男人唱歌，一個年輕男人求他們閉嘴。但接下來這開始變成一種讓人感到心安的噪音，可能比原唱還好。在歌曲一秒一秒流逝的當下，你把歌當作社群、當作一種世界一同振動的想像來體驗。歌聲刮搔著你的耳朵，接著是你身體其他部位，你的聲音逐漸與其他人融合為一。一個人接著一個地走音，唱出刺耳的不和諧聲響，接著大家放手一博，朝著各自的「**吧，吧，吧！**」獨唱直奔而去。我終於以肉身體會音樂如何運作。一群不信者以合唱接通上帝。恰巧嵌合到位的和聲能掩蓋歌詞裡的漂流與災難，一首歌就是人類可以通力合作的明證。我們會在停車場裡坐到歌曲播完為止。甜甜圈不怎麼樣，但起碼為我們這個行進中的合唱團提供一處目的地。我們共享著某種迷亂與兄弟情。

——

好幾個月以來，阿健耐心等候特定一款A&F外套重新進貨。那件外套是藍色底，一條奶油色寬條紋橫跨胸口，寬條紋中央夾著一條紅色細線，版型寬鬆，內面襯以柔軟的深灰色絨布。這個特定配色的款式在灣區賣完了，但他發現聖地牙哥的機場附近有間A&F還剩一件庫存。

他一在機場行李轉盤看到我，就對我解說了這一切。當時是大三寒假。我剛從舊金山坐凌晨班機抵達聖地牙哥。我實在很想回家睡覺。我起飛時天還黑著，現在天只是稍稍沒那麼黑而已。他向我保證我能在車上小睡片刻。「我們只要在商場停一下下就好。」我已經意識到我的不耐煩，他卻嘲笑起我穿的毛皮鑲邊厚重軍裝大衣。外面可是有攝氏二十四度。我在期末考後、也就是幾天之前買下這件軍裝大衣，說服自己這趟旅途應該會冷到能穿上它，儘管南方從來只有短袖天氣。

我們坐在美食廣場，等待商場其他店家開張。阿健前一晚去跳了搖擺舞，並對自己的即興技巧感到自豪。他很晚才回家，而父母都睡了，但他不知用了什麼招數，竟能把媽媽哄下床陪他一起轉圈。我邊聽邊吃肉桂捲。A＆F終於開門了，我說我要待在外面。我才不想打破不走進任何一間A＆F的連續紀錄。他掛著滿足的大大露齒笑容走了出來。那件外套很搭他新買的紅色古巴糖王隊棒球帽。當時才早上十點，但儼然已是個美好的一天。

跟別人的父母相處感覺很不錯——待在一個有著不同默契與符碼的家庭裡。不管他媽媽往我們盤子上不停堆了多少食物，都必須吃乾淨。他爸爸誠懇地問了我選的課程與主修。在學校，既然我們都已經申請了主修，也都熟練了洗衣煮飯的基本方法，我們感覺自己是大人了。但在阿健小時候的房間過夜，卻讓我想起我曾經是的那個孩子。在這個小天地裡，阿健是一個頑皮的兒子暨煩人的弟弟，而我則是他那個會把厚重冬季外套穿來聖地牙哥的怪胎朋友。我心想自己是否吻合他對家人描述的那個我。**是，女士，沒錯。我長大想當研究員**。對他媽媽承諾我們正在實現某個目標，感覺很好。

阿健跟我後來幾天在艾爾卡洪開車到處逛逛，吃店名以「貝爾托」（-berto）結尾的每一間店賣的墨西哥捲餅。因為是他開車，我們就聽他的音樂。阿健在看了電影《愛愛大風吹》（*Swingers*）之後開始學搖擺舞。（我想像起Ａ＆Ｆ店內播著那電影裡的音樂。）他剛買到街角雜貨店樂團（Cornershop）的ＣＤ，我喜歡，而他姊聽到不爽。當大衛馬修樂團的〈闖進我心〉（Crash into Me）響起，我就把窗戶搖上，以防有誰在紅綠燈前停在我們隔壁車道會聽見。那恐怖死了。不過，我還是欣賞阿健忘形於他的音樂中的方式，欣賞他那混入馬修碎唸和氣音的生命力。

阿健帶我去ＣＤ城（CD City），一間命名得很怪的二手錄音帶店，位於一處帶狀商場。我找到一捲比茲·馬基（Biz Markie）[6]的錄音帶，但上頭沒多少說明。他買了一捲藍調兄弟（Blues Brothers）的錄音帶與蜜西艾莉特（Missy Elliott）[7]的新曲。在我們開車尋找下一間墨西哥捲餅時，電臺播到巴斯達韻（Busta Rhymes）的〈危險〉（Dangerous）。他

6 比茲·馬基（1964-2021），本名為馬賽爾·席歐·霍爾（Marcel Theo Hall），為美國東岸著名ＤＪ與饒舌歌手，以Beatbox技巧著稱。

7 蜜西艾莉特（1971-），全名為梅莉莎·安涅特·蜜西·艾莉特（Melissa Arnette "Missy" Elliott），為美國著名饒舌女王，也是首位獲選搖滾名人堂的女性饒舌歌手。

問我看過MV了沒，裡頭玩了電影《龍拳小子》（*The Last Dragon*）的梗。**沒**，我說，**我不太看MTV了**。**至於**《**龍拳小子**》……**喔**，**有**，**我聽說過**（並沒有）。**但我記不太得了**，**好久以前了……李小龍對嗎**？「你不知道誰是果然將軍（Sho'nuff）？真的假的？我們今晚就來看。」他信誓旦旦。

那天深夜，我們在一間7-11停車讓阿健買菸。外面天氣還很溫暖。我在車子裡等，欣賞他跟店員聊天。那就像在看一部電影，那店內散發的光芒映襯著夜空的樣子。我探出車窗外，照了一張7-11的招牌。回到家後阿健告訴我，那店員問他為什麼車子裡那個男生在拍照。「大概是他的小誌要用吧。」他回應，對自己要多做解釋並不感到困擾。

唯一能讓我攤開睡袋的地方，是阿健那巨大床鋪的床腳與他衣櫃之間所成的峽谷，而衣櫃上擺著一部大電視。他向我保證那位置很安全，因為假使電視掉下來，雜物也多到讓電視沒辦法真的砸到我。當時已經過了午夜許久，而我回灣區的班機很早。但阿健挖出他的那捲《龍拳小子》錄影帶。完整片名，出於某些理由，其實叫《貝瑞・戈第之龍拳小子》（*Berry Gordy's The Last Dragon*）。我會挖掘鮮為人知、亂七八糟的東西，而我對流行的事物就沒那麼感興趣了，尤其是我打從一開始就忽略掉它們的時候。他跟我保證電影很值回票價：「我們看開頭就好。」我想我們應該能在點頭打盹之前看完開頭場景。

大約十分鐘後，我就被說服了：《貝瑞．戈第之龍拳小子》正是有史以來所製作出的最偉大電影。那是一部功夫喜劇，主要由黑人演員演出，故事圍繞著一位叫做李羅伊．格林（Leroy Green），亦稱李羅伊小龍（Bruce LeeRoy）的年輕男性，與他尋求「聖光」（the Glow）的任務——一種只有最偉大的武術家有能力運用的神祕能量。李羅伊深受他的身分認同困擾，他帶著一種無知之福在紐約闖蕩，而身邊的人都委婉地質疑他的黑人身分。他幾乎就像個地下亞洲人，因為他的靈性旅程帶他返回唐人街的巷弄之間，尋找睿智而神祕的宋洞眩（Sum Dum Goy）大師，他相信這位大師就是「聖光」的守護者。

我累得半死卻又充滿活力。我不停伸長脖子確定阿健還醒著。**你看到了嗎**？我會問他。**你有注意到那個嗎**？他只是智者般地點點頭，暗自對我如今終於茅塞頓開而感到滿意。

我們變得太習慣於在電影裡面看不到長得像我們的人；比這更糟的，則是免洗亞裔角色作為某種武術大師被納入電影之中。但當李羅伊接近大師居住的區域，有些中國角色指責他「滿口胡言」，嘲弄他的口音與對功夫的迷戀，而他們的態度跟語調全是從一部黑人剝削鬧劇片借來的。他們玩弄的是刻板印象，而且只玩錯的。接著又來一遍，李羅伊同樣回敬。

誰在抄誰？很重要嗎？搞了半天，大師只是一部為幸運餅乾粗製濫造虛假箴言紙條的機器。這一切的荒謬，外加這部電影將某些東西視為亞裔美國人的那種感覺，實在讓人中毒，即使那並非電影核心意圖。當劇情緩慢前進時，我們一直嘗試想出我們在電影裡的定位為何。另一方面，我們又支持李羅伊這位沉迷於亞洲文化的黑人主角。我們受他的信念與他的格格不入感所吸引。其實看這些中國臨時演員過火的演出也同樣刺激，這些演員看似打破了角色框架，為了他們終於不必演醫生或是沒臺詞的武林門眾而欣喜忘我。我們最後來到了果然將軍的部分——巴斯達韻的ＭＶ中引用的那位「幕府將軍」。

《龍拳小子》開釋著本真性、身分認同的漏洞百出、混搭亞裔與黑人文化的歡樂後現代可能性。也或許並不是如此，不過我們徹夜剖析這部電影，猶如詮釋我們世界的關鍵就藏於片中。我們不斷互道比什麼都更像玩笑的晚安，接著又拋出另一個觀點。**他們是在取笑唐人街**，**還是要指出唐人街無一物道地**？我試圖從這部電影編造出一套關於美國認同的未完理論時，感到一陣反胃而疲憊。阿健很安靜，可能睡著了，但他只是在思考，接著又會給出他的看法。我們想出了聰明的理論，但忘了寫下來。我記得穿過他窗簾的橘紫色調——一種我直到搬去東岸以前都覺得自然不過的清晨色彩。

友誼的前提在於互惠，在對方生命中來來去去、偶爾上演脫韁時刻。你十九、二十歲時的生活受虧欠與恩惠宰制，只好承諾下次換你買單或開車。我們把自己的人生營造成一套相互協議，一連串你來我往的小小贈禮。生活就在那種延遲之間發生。我開辦一場祕密聖誕老人遊戲[8]，只是我反宗教、不想這麼稱呼這種遊戲，所以這遊戲最後就變

8　一種匿名而隨機的交換禮物遊戲。

成「祕密非教派冬季佳節贈禮遊戲」。「我們頌揚良善與兄弟情。」我這麼寫，所以並沒有邀請半個女生。我把我們的照片全部掃描進電腦，做了一份寫上規則的傳單：「禁止贈送ＣＤ，以及能從工作場所摸來的任何物品，例如『全新傳真紙捲、諾斯特龍百貨（Nordstrom）的童鞋』。我們也應該一起湊錢做慈善。」我想像著我們到了四十幾歲還在這麼玩。

我以為上了大學就能找到我的同胞，我一度認為同胞指的是與我穿著打扮類似、聽一樣的音樂、想跟我看相同電影的人。是我這個主題的變奏。但我領悟到——或許領悟得太晚了——我想要的不過是能夠一起聽音樂的朋友。他會好奇到問起某首歌的歌名，然後播些冥河合唱團（Styx）或克里斯多佛．克拉斯（Christopher Cross）或其他酷到我不認識的藝人的歌曲給我聽作為回禮。阿健會狼吞虎嚥地聽完我為他做的錄音帶合輯，然後像一位鼓勵孩子的父母，交出一份逐曲樂評。我笑他大概是美國唯一一個會喜歡貝兒與賽巴斯汀樂團（Belle and Sebastian）最最溫順歌曲的兄弟會男孩。他會把我的錄音帶隨手亂丟，丟在他汽車踏墊上，或是兄弟會舍某個積滿灰塵的角落，因為他知道很快又會有新合輯問世，並點名要反覆出現他的最愛：「有關馬的歌。」

每個人都有喜歡的事物——歌曲、電影、電視節目——所以你選擇不去喜歡；這是你為自己開拓容身之地的方式。但對的人會說服你去試一下，於是你會感覺有如得到兩大發現：一是那東西沒那麼糟，二是新的知己。

阿健告訴我說，他曾經開車繞遍整個聖地牙哥，就為了找一張珍珠果醬樂團的《傑瑞米》（*Jeremy*）單曲CD，因為裡面有首叫〈黃色信封〉（Yellow Ledbetter）的歌。我盡我所能把白眼翻出攻擊性。那首歌很顯然是在抄襲吉米・罕醉克斯。我翻遍我的唱片，想辦法找出〈小翅膀〉（Little Wing），但阿健神遊他方，跟著曲中起伏的吉他旋律搖擺，想起某個他曾經為其演奏過這首歌的女孩。最後我們達成妥協。在期末考前，我們就坐在我的立體音響前恭敬地聆賞〈黃色信封〉。那首歌也沒那麼糟。接著是我的選曲，大衛・鮑伊（David Bowie）跟皇后合唱團（Queen）的〈壓力之下〉（Under Pressure），這首歌令我們振奮到奪門而出。我們為儀式而活，期待著當儀式變得有如本能，以至於我們忘記儀式是怎麼開始的那天到來。我們還有時間能報答這些禮物。

THE RAPA - NUI
2150

一粒孢子隨風飛揚，整個生態系存活下來。暗殺者眨了眼睛，子彈僅僅擦過國家的頭殼。星球自轉軸不知不覺地移動過了，而地球受其他物種主宰。那裡甚至不叫地球，那裡根本沒有語言。信被寄丟了，機會永久消失。

我從大學課程學到的，基本上全是同樣的教訓：另一種世界曾一度可能。這份領悟注定使人感到渺小。學者向過去討教，在一套典藏或偏遠部族的瀕危習俗中翻箱倒櫃，只盼望能為人類知識再添上一頁。這些歷史支撐並延續我們，卻也能為現在蒙上某種宿命論詮釋——某些事物原本可以不是如此，而今但願我們曾經知道腳下徑旁的小小危險。

儘管馬歇．牟斯在一九二〇年代就首次發表〈論禮物〉——一部探討連接禮物施受者之「精神」的經典著作；可是直到一九五〇年代初，其譯本在美國學者之間尚未廣泛流傳。接下來它就變成一部典範之作，再版印成一冊薄薄的單行本。世世代代的思想家都將參考牟斯對交換做出的洞見：交換或許會演化為資本主義，但不知何故並未如此。

〈論禮物〉於一九二三年出版時，本來是作為《社會學年鑑》（*L'Année sociologique*）特刊的一篇文章。《社會學年鑑》是牟斯的導師愛彌爾．涂爾幹（Émile Durkheim）於一八九六年創辦，並監修至一九一七年去世為止。因為涂爾幹的過世，加上第一次世界大戰，該期刊一度停辦，直到一九二三年牟斯接手時才復刊。由牟斯監修的回歸特刊有將近一千頁厚，他的論文作為此刊唯一一篇原創的學術作品，受將近九百頁其他文章所包圍；那些文章看似沒有關聯，卻都顯示出可能驅動牟斯想法的種種思潮。

這一期《社會學年鑑》致敬的對象，是與數百萬人同在過去十年間逝去的一整世代學者。該期刊以文長驚人的「紀念」（In Memoriam）章節開篇。「有鑒於存在我們之間的真實學術共享，我們永不逝去。我們的死亡案例將成為典範。」

這些案例當中有宗教學者侯貝．赫茲（Robert Hertz），他「一九一五年四月十三日，在帶領他的班脫離壕溝時，死於對馬榭維爾鎮（Marchéville）毫無必要的攻擊，卒年三十三歲」。馬西姆．大衛（Maxime David）於一九一四年死於交戰，身後留下無庸置疑是「傑出」的古希臘文學豐碩筆記。讓・黑尼耶（Jean Reynier）「與他的友人走上同樣險路」，但在三十二歲死於壕溝火車引擎意外；他以講授「卓越」的禁欲主義課程為後世所紀念。安托萬・比昂柯尼（Antoine Bianconi）「起草了一部偉大著作」，但於一九一五年帶領步兵班時身亡。喬治・傑伊（Georges Gelly）是哲學家暨語文學家，他多次抵禦死亡侵襲，直到「死亡在一九一八年的某一天將他帶離我們身邊」。

牟斯邁入了一個未能來到的未來，他想像「如果沒有戰爭」，而他的同仁依然活著並共同努力，「未來將會如何發展」。「讓我們想像傑伊成為我們的美學專家，而安德烈・涂爾幹（André Durkheim）則成為我們的語言學家。」他們的名字並不為接下來那個世代的學生所知。牟斯敦促我們將他們同時作為思想家與朋友來認識——藉此保存那些原本能夠發生的可能性。

牟斯的禮物概念，在此脈絡之下產生了新的激盪。他不只是空想出市場導向交換系統的另一套替代版本；他夢想著一種截然不同的生活方式。他在搶救的是一個失落的世界，並設法徹底檢視一系列不再可能實現的潛能。當牟斯將禮物的討論轉向為「慷慨」之舉，或提到眾人「圍繞著共有財產」而坐，他是想提醒我們：除了當個「經濟人」以外，還有其他生活可能。「另一種法律、另一種經濟、另一種心態」的殘跡，與我們以為是難免而最終的那些版本一起續存至今。

想到他的私人陰影將他帶往這充滿希望的一刻，實在相當了不起。牟斯提出，延續這些逝去同仁的研究，就是我們欠他們的債。他的論文追索一系列遍及全世界、穿透深邃歷史的禮物，目的是讓你記得你的立足之處擁有的可能性。「去遠方尋找善與幸福是徒勞的。」他總結道。善與幸福比你以為的還要近。

牟斯與這段人類史上動盪時期的其他倖存者，好比森林中「飽受摧殘」那一塊地；不出幾年，某些老樹就會「力圖再生蒼翠」。那是比交換禮物的雙手更善變的、比裝飾性項鍊或雕刻更神祕的什麼；那是某種像是種子的什麼，乘風而去，落地生根。無論有什麼或將來到：「讓我們再多努力幾年。」

——

某天晚上，阿健抄起一本易斯筆記簿，開車載我去了一間咖啡廳。觀賞《龍拳小子》後，我們大受啟發，嘗試自行拍攝電影。電影標題是《巴瑞．戈第之撲朔迷離》（*Barry Gordy's IMBROGLIO*）。「巴瑞．戈第」是向《龍拳小子》致敬；「撲朔迷離」（Imbroglio）只是一個怪字。我知道「貝瑞」．戈第是誰，也知道怎麼拼對他的名字，但我選擇不在這項知識上輾壓阿健。

他寫出主要角色的名字，列出我們小時候的情境喜劇、一些熟悉的電視主題與橋段；我們必須從這些敘事套路當中想出原創的劇情翻轉。故事圍繞著一群好友，一群尷尬人物的典型：善良但遭人誤解的主人公；性感多情的跟班，以及虛榮傲慢的跟班；頭腦清楚的老江湖，有穩定交往的女友，能給出智慧箴言；妙語如珠的憤青，以為他所有朋友都沒文化涵養。

我們抓朋友來當演員：安東尼、帕拉格、戴夫。珊米、阿列克與葛溫。阿健為我準備去聖地牙哥念藝術學院的高中朋友詹姆斯寫了一個角色；我去艾爾卡洪時，就是我們三個一起出去玩的。我們為各自喜歡的女生創造了角色——頂多就是被動進攻式的情欲，或許還牽個小手之類的。他從我們的生活經驗中隨手寫下一些場景跟設定：我把菸抽反了還硬要宣稱是我故意的那一次；有著超不實用的尷尬三角形餐桌的那間三明治店。我們會製作出《巴瑞．戈第之撲朔迷離》，然後在校園裡找間空講堂為我們的朋友播映。我們不是想當製片人；我們只是想找點事做，並想看看有沒有可能成功。我們只差找到一個有攝影機的人。

——

我父母待在台灣的時間更長了。我把預付電話卡的號碼寫得到處都是，但從來記不得哪一個號碼實際能打，還是該加上哪個國碼或區碼。西恩跟我一樣是獨生子，他每天都會跟父母聊天。我父母雖然會對我交代他們的行程，但我對他們的關注並沒有密切到會去追蹤他們人到底在哪。他們究竟是在新竹，還是去台北過週末，我可以幾個星期過去都渾然不覺。

我父親時常把自己說成「東方人」或「東方佬」。他無法理解自稱「亞裔美國人」有什麼重要的，這個詞彙在他初次抵達美國時才剛問世不久。我父母認得族群研究系上某些年紀較長的華裔美籍教授。我問他們還記不記得黑豹黨，或是有沒有留意過一九六〇年代晚期的黃種人權力運動（Yellow Power movement）。他們的答案總是含糊不清。他們會說：那都好久以前了，我們那個時候很忙。

我跟他們說了柏克萊裡發生的各種抗議與集會，以及我為校園裡的亞裔美國人報紙工作到深夜的時光。我以為他們會為此感到驕傲。但他們不懂這些事情怎麼會重要到值得去奮力爭取。我反思了他們當年赴美時的奮鬥，進而對他們感到同情——我媽當年的與世隔絕、我爸第一天到紐約就被攔街搶劫。我很感激他們為我做出這些犧牲。「為你嗎？」我爸笑著說。「我們是為自己才來的。我們離開台灣時，那裡什麼都沒有。」

我父母會花上一段可觀的車程去跟朋友吃飯，他們總是把這群朋友說是「運動」分子。我每次問這是什麼意思，他們都會笑著說出一個中文詞彙：「左派」。他們強調的，總是社會運動如何分散他們注意力；那些社會運動就是我父親之所以拖了更久才念完研究所的原因，讓他極富耐心的博班指導教授們都懊惱起來。他們唯恐這些課外活動也同樣會使我從學業上分神。

我父母在二十幾歲離開台灣時，台灣尚處於戒嚴狀態——中國國族主義者在一九四〇年代末取得本島控制權的暴力行動所連帶而來的後果，讓台灣本土人民的不滿只能遭到消音。政治並非我父母成長過程中的一環。但是遙觀冷戰在遠方上演，給了他們勇氣去思考、並說出會使得他們惹禍上身的事──假如他們都還留在故鄉的話。他們逐漸涉入社會運動，多數時候關注的都是一串渺小、無人居住、可能有豐富資源、台灣與日本雙方都宣稱為己據有的列嶼。一九七〇年代早期，我父母旅經美國中西部至東岸的大學院校，我父親會抽著菸，憤怒地跟其他學生辯論釣魚台主權問題。他對台灣當局向日本讓步過多的立場採取批判態度。這些言論流傳回台灣，接著使得他大概有二十年間都遭禁止返台。

戒嚴時期，又名白色恐怖，持續到一九八〇年代末，到了當時台灣才開始重新審視自己的歷史。我父親終於成為將商業與工程專長帶回家鄉的那一波返台人士之一，哺育本島剛誕生的半導體產業。他被譽為某種衣錦還鄉的英雄。當他們告訴我，他們也曾經跟我一樣整天抗議並籌劃會議、辯論與集會，我還不願相信。我甚至想像不出我爸抽菸的畫面。他們設法將我隔絕於某些事情之外。或許那指的是可能伴隨理想主義而來的失望。現在沒人還在乎釣魚台了，那些奮鬥早已磨耗可觀的時間和精力。他們從那些奮鬥中得到的回報，我想，就是他們的朋友吧。

對里奇蒙的孩子們來說，我並不是一個特別了不起的導師。我沒什麼能教給他們的——我只是想討他們歡心。然而，當該中心公告他們希望聘一位暑期學校教師時，我馬上抓住這個機會。我還在想，假如我沒學到任何符合就業市場需求的技能就從大學畢業，教學會是一個很重要的備案。教學講究的是我還無法自在表露的真誠，而我希望能在這點上取得進步。

私下組織想法、拖曳著閃爍游標劃過螢幕，讓我感到更加自在。我依然在為我的小誌寫些簡短公函，並著手製作以暗戀對象與苦戀單相思為主題的第二份小誌；我找到了那個社群。我把晚上都用來編輯校報，或是參加運動戰略會議，我們在那裡繪製抗議標語，辯論加州的未來，教導另一個人將全身力氣放掉總是能讓警察比較難以把你拖走。彙編小誌讓我學會一些基本平面設計，所以我一向自願製作傳單或為宣言排版。那是一種拖延時間的方式，暫時不過問實際而乏味的未來。我的小誌與這些雜七雜八的設計工作，或許能夠證明我的創業精神——假使有任何做出這種證明的必要。

大三接近尾聲，阿健跟我在他的陽臺上抽菸，我跟他聊起米拉，一個來自南加州、跟我一起在校報工作的台裔美籍女孩。幾週前，她請我讓她搭個便車去戴維斯（Davis），我在那裡參加亞裔美國人DIY文化的專題座談。我覺得她火辣到令我卻步。我花了好幾天錄製一捲錄音帶合輯，風格多樣，足以傳達我的幽默、深度與悲天憫人。那個週末過後，米拉跟我持續見面，大多都是在聽音樂或看電影。她髮絲上的淡淡紅褐色、她寫草體時撇出的大量圓圈、她把「really」拼成「rilly」的樣子。有時候，我們會開車到舊金山一間快餐店，由於她是素食者，我們就吃薯條跟冰淇淋當晚餐。我們會躺在柯伊特塔（Coit Tower）下的地面仰望群星，但從來沒有真正的肢體接觸。接近學期末，我蹺課開車到洛杉磯，參加社運人士河內山百合（Yuri Kochiyama）與陳玉平（Grace Lee Boggs）同臺演講的一場大會[1]。米拉也搭機飛過來了，我便開車去接她。但我們在機場找不到對方，我們不斷錯失彼此呼叫器訊息。我怕這是我們來電失敗的某種徵兆。

1　河內山百合與陳玉平皆為亞裔美籍社會運動人士，該大會應為一九九八年「為人民服務：亞裔美國人權力運動發展大會」（*Serve the People: Asian American Movement Building Conference*）。

當我們終於在大會當晚見到彼此，我對她說我在乎她。我們坐在講堂裡，受圍繞在我們身旁的思想者與政治領袖激勵，感嘆陳玉平與河內山百合竟然只離我們幾呎之遙。我看著米拉，覺得我們好像身在某些大事之中。我們能夠攜手共創新世界。

米拉把我的害羞與平常時的狀況外，誤解成很酷的冷淡態度。回到柏克萊，我們終於彼此告白心意；還得再花上另一晚廝混，才能讓我卸下足夠心防去試著吻她。我們對彼此輕緩溫柔、小心翼翼，接著太陽昇起，我們精疲力盡地睡去。現在我們在一起了，不管這個「在一起」指的是什麼。

要把這些故事全說給阿健聽，讓我有點焦慮，因為我往往說起女生給過我的挫折，話題就無疾而終。我在慢動作地追求米拉的同時一直躲著阿健。每當這類事情發生，他似乎總是能諒解：只要我交了女朋友，我就會比平常還要難找。但這次不一樣。第一次約會時，我帶米拉去看了一部獨立電影，演一群煩躁不安的龐克族因為糟糕的一夜情感到苦惱。幾天後，我們看了《衝擊年代》（*Kids*）。兩部電影都讓性愛看起來貧瘠駭人，又因為我還是處男，我一點都不急著去找出性愛的別種樣貌。我們有好多時間，而我深愛與她共度的每一秒：對她了解更深一點、探索她的錄音帶收藏、聊我們去台灣的記憶、回憶她還在電報街的拉斯普欽音樂行（Rasputin Music）做外場工作時可能偶然相逢的許多時刻。每一天都突然變得新奇無比。

阿健很開心我跟米拉湊成一對了。其實阿健也認識她，而且有意撮合我們兩人；米拉的室友是查爾斯，阿健的一個兄弟會成員。阿健眉開眼笑，像個驕傲又樂見其成的父親；換作是我，我也會面露同一副蠢樣。

我從未覺得如此青春，阿健則從沒顯得那麼老成。多元文化學生聯盟發展順遂，而他已經放棄高深理論了。他在某堂課的報告裡提出了一種叫做「國際貿易監管委員會」的組織，自認是相當優良的想法。他描繪出波士頓法學院生涯的前程：晚上都在芬威球場販賣部賣點心飲料。阿健似乎對未來有一絲絲煩惱，但或許他只是已經準備好了，而那講求一定程度的嚴肅。阿健當時在跟一個姊妹會的華裔美籍女生約會，她流露著與阿健相似的腳踏實地感與專注態度。我們在圖書館溫習前，她會替阿健打包好零食。我們還是會玩大一時在宿舍露臺想出來的白痴花式握手。但忽然之間，他就像是一個不折不扣的大人，對幹練的興趣大過於酷，一種有生產力的畢業後人生躍然眼前。

那年暑假，我們這群朋友大多都留在柏克萊。阿健還在諾斯特龍百貨賣童鞋，他讓經理也雇用了珊米，兩人會一起搭灣區捷運（Bay Area Rapid Transit，簡稱BART）去舊金山。安東尼在大學裡以及一處非營利機構做兼差。帕拉格不知怎麼竟然能說服舊金山的運動經紀人帶他入門做實習，雖然他們根本沒開設實習名額。米拉則修習暑期課程。

我當時每天早上都去里奇蒙指導青少年中心的五、六年級生寫作、數學與歷史。他們的哥哥姊姊就是我已經認識的那些導生，但那一兩歲的差距代表他們還保有天真可愛的模樣。他們的哥哥姊姊已經喜歡得上我了，但或許這些小朋友才會真正聽我的話。我盡責地印了作業單與習題，仔細規劃我們早晨的每分每秒。但我永遠提不起半點必要威嚴，好為我們的日課賦予架構或方向。我備課時會準備的問題，都能發展出另一系列問題，然後我卻因為一看到哪個學生有望向窗外的跡象就灰心喪志。他們很快就意識到我不但是一個可憐的老師，還是一個好欺負的對象——一種粗魯的覺醒，讓他們領悟到其實大人有時候也不知道自己在幹嘛。我能假裝握有權威的時間就只有那麼久。他們跳著舞、聽著音樂。男孩女孩偷偷摸摸地彼此逗弄、糾纏，彼此身體的界線開始模糊。

我在六月底滿二十一歲。米拉來里奇蒙跟我碰面；她的出現讓我在學生眼中顯得比較值得尊敬了，還有一個學生畫了一張米拉的畫像，並以大量愛心點綴。她帶我去附近的快餐店吃午餐，餽贈我一本以我們關係為主題的小誌。裡面是電影跟演唱會的票根、我們去過的餐廳的名片、剛在一起那段時間的日記片段、寫著我們未來的詩、她看穿我想辦法用迂迴的手法調情的所有回憶。

當晚，朋友們來舊金山與我們見面，一起吃晚餐慶祝我的生日。安東尼、阿列克與葛溫從柏克萊過來。帕拉格人早就在舊金山了。我坐在餐桌上位，想到我們這些人一起混那麼久了，不免生出一些感觸。或許我們終會分道揚鑣，走上逐漸浮現於各自眼前的前程；也或許這只是友情自然起伏的休止期。不管怎麼說，我們現在年紀都大到可以點開胃菜了。阿健跟珊米來晚了，他們直接從百貨公司過來。阿健的西裝外套、招呼入座賓客的模樣、笑聲、握手，在在讓他看起來就像一位和藹的競賽遊戲節目主持人。他給了米拉一個紳士的擁抱，最後抱到我身上來，露齒獰笑後在我背上一記猛拍。他入座並掃視菜單，迅速決定好要點菜單上最不尋常的料理：烤兔肉。

阿健想辦法約大家在晚餐後去跳一下搖擺舞，但我跟他說我從來沒去跳過舞，更別說是在我生日當天。他老是在邀請我，而我一向在推拖他。**改天吧……或許**。他離席去了吧檯，我懷疑自己瞧不起他的新嗜好，是否終於把他逼走了。但他帶著微笑與給我的一口乾烈酒回來。我緩慢啜飲起烈酒時，他哧哧笑著；以前沒人給我上過一口乾烈酒，我直到最近才開始能接受飲酒這件事。「這杯叫三智者，」他一邊解說又在我背上拍了一記，「傑克、約翰、金賓[2]。乾就對了！」

——

酗酒狂歡的季節至此落幕。三週後，阿健辦了一場喬遷派對。稱其「喬遷派對」而非單純的「派對」，表示我們都迎來成人階段。他搬進「拉帕努伊」（Rapa-Nui），是葛溫住的那條街上的一棟公寓。下個月起，我們都是大四生了。

安東尼、米拉跟我那晚稍後準備去奧克蘭跑銳舞趴。我們很早就在阿健的派對上現身，而看在這場活動的文明程度，這麼做似乎相當合理，但我們可能還是太早到了；他其中一個新室友大腿上還攤著作業。我很高興能在派對熱絡起來之前跟阿健獨處一會，但想到我們會提早離場又有點罪惡感。他溫暖地迎接我們。**我要抽根菸**，我低聲說。我們從室內開溜，去啟用他那俯瞰公寓停車場的新陽臺。

我需要向阿健尋求建議。在一陣尷尬而提早失敗的性愛嘗試後，我終於準備擺脫處子之身，我之所以想對他提這件事，有一半是期待他能嘲笑我走到這一步花的時間竟然那麼可笑地久。當然啦，我打從骨子裡就另類。他淺笑，溫柔地捶我的肩膀。我也笑了，並想起自己每次聽他說起約會或搭訕故事，都只能好似有一知半解那樣點頭應和。

我們帶著平常的儀式目的抽菸。我們對保持嚴肅這件事很嚴肅。我想像起接下來一年將在這座陽臺上抽掉的無數根菸。阿健正準備告訴我些什麼時，陽臺拉門被打開了，走出來的是丹尼爾——珊米曾經約過會的對象，一位身形修長的科學主修生。我們聊到丹尼爾在校園實驗室的暑期打工。阿健挨身湊向丹尼爾，手搭著他把距離拉近。珊米是最棒的女孩，他說，所以她值得最棒的對待。丹尼爾看著阿健，點了頭，走回室內。然後另一個人又走出來，跟我們說有種裝置叫做CD燒錄器。阿健被勾起了興趣，但我翻了白眼。既然錄製錄音帶比較簡單，誰還管什麼CD？

我們有話聊到一半，接著這段話就憑空沒了。我不爽，但反正我還有趴要跑。我把

2　即傑克丹尼（Jack Daniel）、約翰走路（Johnny Walker）、金賓（Jim Beam）三種威士忌。

我的菸放在欄杆邊緣上自生自滅，心想它最後會不會悶燒成灰，灑落在我們下方的汽車上。我還是需要向阿健尋求建議，但我跟他說我們之後再回來把這根菸抽完。

「我星期天打給你。」他說。「我有個同事，那天他生日，但他沒多少朋友，我想我們要是帶他出去跳舞應該會很酷。」他指的是搖擺舞，所以我頓時興致全失。**我甚至不認識那傢伙**，我說，**你指的「我們」是誰**？他皺起臉來。「這活動會很不錯啦，老兄。」**是是是，當然啦……明天打電話給我**。我嘴上這麼說著，心裡卻希望他會忘記。

我必須離開了，但也許我晚點會開車回來，看看派對是否還在舉行。

一開始，銳舞派對吸引我之處，比較是那種社群理想[3]，而非音樂本身。你看到一張傳單，撥通上面的電話，抄下場地方位。這意思是要讓你任憑無物擺布，而成群的車頭燈會作為號誌，告訴你來對了地方。我沒嗑過藥，但身處沒有中心點的室內空間裡、唯一能引導你的只是低音旋律線條與合成音效刷洗，一切還是讓我感到神奇不已。這裡

有一張張你在白天看不到的臉孔：空洞陰鬱，縱情於節奏；不帶私欲的微笑，渴望與人共享；狂喜無我的奔放。某些事總是已然發生。人們稀鬆平常地走進來，他們的步伐慢慢適應了身邊的聲響，不出幾分鐘，他們就會好像在對著一個想像的沙袋拳打腳踢。不管你是怎麼跳舞的，都毫無所謂。

那晚，安東尼、米拉與我去了星球搖滾（Planet Rock）派對，在國際貿易中心——奧克蘭體育館旁的一間巨大倉庫裡舉行。我們說好大約三點在一個約好的見面點碰頭，雖然我不覺得我們會離開彼此超過幾呎。那晚沒什麼音樂聽起來令人滿意。那空間同時寬敞開放又擁擠窒息。當夜晚逐漸化作清晨，我猶記得一股甩不開的黏膩，我站在一個會同時聽到過多音響的機庫裡頭，迷幻氛圍被灰雲扼殺，逐漸襲來的疲憊。有那麼瞬間，我感到不再年輕。

我們待到三點還四點。把安東尼載回家後，米拉跟我開車回她住處，沿途經過阿健的陽臺。燈光還亮著。我還惦記著那場中斷的對話，並思忖該不該停車上樓。但我又

3　即「PLUR」：Peace（和平）、Love（敬愛）、Unity（團結）、Respect（尊重）。

想，速速奔向米拉住處才是他更欣賞的做法。我之後會再跟他聊聊這道人生里程碑。

——

週一下午，珊米問我有沒有跟阿健說到話。**有啊**。「你們在派對之後有說過話嗎？」**沒有**。他週日沒有打電話來約我跟他同事一起去跳舞。珊米說他那天也沒去上班。或許他跟女朋友吵架了？沒有，珊米接著說，他女友也沒有他的消息。沒人知道他在哪。

我走到珊米跟阿列克合住的公寓，途中經過拉帕努伊公寓。阿健的兄弟會成員戴瑞克已經先到了。他們向警方申報失蹤人口。阿列克在我進門後，只是幫我沖了碗葡萄乾穀片。

一位柏克萊警局的警員來訪，在我們樓下停車。我看著他的警章，記下他的名字。他問我們問題時，態度平靜謹慎。他好似在表演什麼瘸腳的魔術花招那樣，隨機抖出關於阿健的基本細節，但從來不提他的名字。我們認識的人當中是否有誰上週末可能穿著褪色的奈德二手書店（Ned's Used Books）的T恤跟棕色靴子？你們認識有誰開一九九一年的本田Civic？隨著問題越來越吊人胃口地私密，他突然就停止追問下去。你們能來一些人跟我到警局一趟嗎？他問。

珊米和戴瑞克跟著警官走了，而阿列克跟我坐在樓梯上，抽著菸。我們還不知道該有什麼感覺。阿列克沖的穀片現在都糊了，那是唯一讓我們知道時間還在流逝的指標。設想最糟情境讓人太過難以承受。我們正來到大量可能未來的分岔路口。一個在我民族研究課上的愉快薩摩亞男生走了過去，我疑惑他到底是要走去哪，為什麼此刻還有任何人可以走去任何地方。

幾個小時後我們還坐在門廊上，接著一輛警車把珊米和戴瑞克送了回來。珊米臉色蒼白。戴瑞克在她身後曳著腳步，直盯地面。珊米告訴我們阿健死了。戴瑞克雙手環抱住我，我能感覺得到他僵直筆直地站著，設法保持堅強，而我把臉埋在他的肩上，啜泣著。「他走了，阿華。」他在我耳邊小聲說著。

阿健的屍體在瓦雷霍（Vallejo）一條小巷被人發現，那裡大概距此處往北三十分鐘車程。從此處到該地之間，有一輛汽車的行徑路線曲折迂迴，想從各處提款機領錢。某個釣客在週日清晨撞見阿健的屍體。阿健沒帶身分證明文件，汽車依然下落不明，所以他一開始是個無名氏。一位畫家描摹出他的臉孔，畫像在昨天張貼於校園各處。

我想起自己是怎麼提早離開阿健的派對、怎麼開車經過他的陽臺、週日早晨他沒有打電話來叫我去跳舞時又是怎麼感到鬆了口氣。

晴空依舊。我離開他們，去米拉那邊，向她交代最概略的事發經過。我拉上窗簾。我們在近乎全然無聲當中做愛。事後，我到走廊上開始打電話給朋友們。當一個承擔壞消息的人，然後成為接受對方痛苦的容器，讓我覺得自己派上用場的方式很詭異。我是個說書人，說著情節保證駭人、毀天滅地的曲折故事。

最後我回到我的公寓，打電話給阿健的媽媽。她的聲音顫抖粗啞。葬禮週六於艾爾卡洪舉辦。我們應該會全員到場。「肯尼（Kenny）愛你。」她說，而我癱倒在地，哭著用拳頭捶打地毯。「他很欣賞你。」當晚每個人都過來我家。我們的身體因為疲倦而顫抖，狼吞虎咽地塞著披薩、灌著啤酒。安東尼一直茫然地望向遠處，下巴闔不起來。阿列克還拒絕接受事實。我們的日常，就葛溫看來，一直有如一部荒腔走板但皆大歡喜的獨立電影；然而如今，她說，都結束了。

接下來幾天，我們挖出陳舊底片製作相片剪貼，寫下適合與他家人分享的任何回憶。我出門散了個步，每當看到有誰面帶笑容或笑出聲來，我就悲痛難耐。我最後走到一間服飾店前，在那裡買了一件細條紋長褲——我想像中大家去跳搖擺舞時會穿的那種款式——並出於同理，買了一件黑色保齡球襯衫。這套並不是傳統上的葬禮著裝，但看起來再適合不過。我還買了一本日記本，封面是深藍色布面，上頭繡了一條金色的龍。我開始寫下我還能記得的一切。**一切都出錯了**，我在第一頁用麥克筆潦草地寫了整面。

我們在宿舍時期認識的朋友之一亨利，錄下一節講到阿健之死的晚間新聞片段，並為全員各拷貝一份。我為他的雙親製作了一捲附有說明冊的錄音帶合輯，裡面全是讓我想起他們兒子的歌。安東尼負責打點飛往聖地亞哥參加葬禮的班機，忘形於後勤工作，以確保我們多數待在柏克萊或洛杉磯過暑假的朋友，最後都能抵達同一個地方。他印出班機行程並分發給大家，上面寫有週末的行程、地址、誰的車有幾個座位、緊急聯絡電話。

警方提到有張信用卡在附近商場有一筆請款紀錄。亨利跳上車，開過去看看是否會有任何監視器紀錄。辦案單位的手腳感覺好像不夠快。或許亨利會率先破獲此案。但那些殺人犯並無預謀，看起來也毫無脫身計畫。他們離開商場時大吵大鬧了一番，而警方不費功夫就拼湊出來龍去脈。當警方抵達凶手公寓逮捕他們時，阿健的車還停在他們門前草皮上，車燈亮著。

凶手一共三人。一對年輕情侶，還有一個他們在柏克萊的灣區捷運站認識的男子。他們在派對的對街埋伏，看著賓客來去，靜候時機；他們盯著那座亮燈的陽臺，等待掉隊者落單。阿健週日清晨走下後門樓梯去停車場，他們正是在此時襲擊阿健。阿健對他們的要求悉數照辦。他進去後車廂。他交出提款卡。然而，他們還是把阿健載去瓦雷霍，對他後腦勺開槍將他射殺。

——

阿健死後隔天，我不再聽來自特定記憶區域的歌曲，迴避能讓我回想特定情感狀態的聲波振動。禁止合音——那對我來說不再有意義。我開始減少與可能喚起往日的人來往。我開始穿Nike，還有Polo衫，還有反戴棒球帽。多數時候，我開始沉迷於一句話悄悄自我收回的可能。

我拾起筆來，試圖把自己寫回過去。

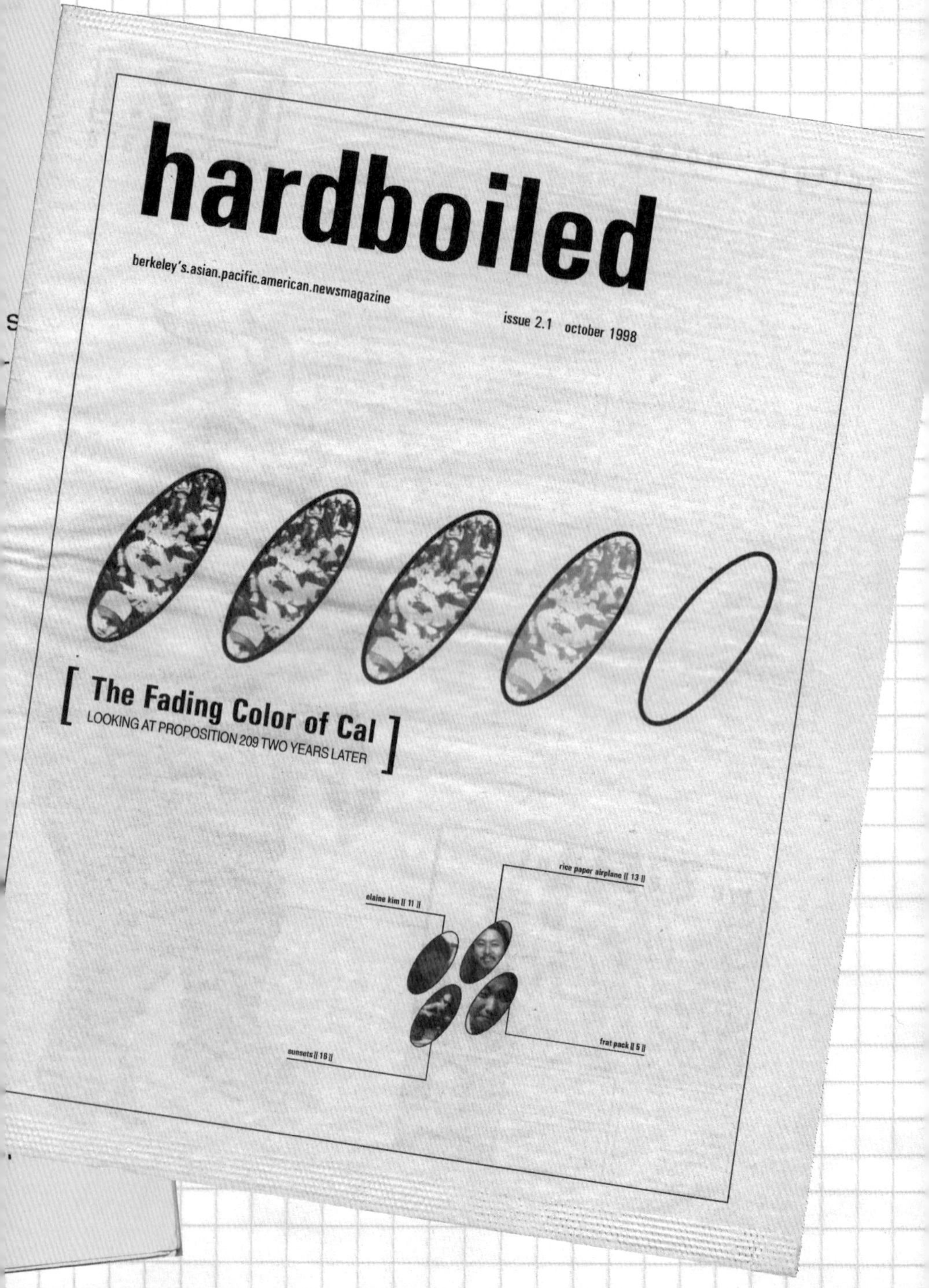

hardboiled

berkeley's.asian.pacific.american.newsmagazine

issue 2.1 october 1998

[The Fading Color of Cal
LOOKING AT PROPOSITION 209 TWO YEARS LATER]

a call for submissions

Slant

An Asian Pacific American magazir
all interested undergraduates/gradu
dents to submit any original pie

politics
film
opinion
fiction/poetry
artwork

society and
music
arts and the
news
photograph

Works must be on issues and events r
Asian Pacific American community. P
free to contact us and pitch story ide
assignments, or get information on
with the *Slant* staff.

Submissions sh
cover page with your name, year in
title of work, telephone number, addres
copies of your work. Please drop off su
the ***Slant* box** at Heller Lounge on the 2
ASUC.

For more information or to con
e-mail jojoba@uclink2 or huascene@a
a note in our box in Heller at the ASU

deadline:
nov. 5 1997

有一陣子，只消啜飲第一杯啤酒幾口，記憶片段就會噴湧而出。我選擇的特定酒款——新堡棕艾爾——本身就能讓我想起他。我正在喝酒這件事也是。還有我有逃避的傾向，還有看待友誼有時過分嚴肅、有時卻又毫不認真的傾向這件事。我的情緒受制於距離暑假還有多久、午後斜陽帶來的感覺、陌生窗口傳出的遙遠旋律聲響等等也讓我想起他。我之所以還在抽菸這件事也是，因為我欣賞菸霧飄散進空中，漫無目的、轉瞬即逝。

低年級時我們臉孔尚未變化，我能想像阿健迎來二十一歲，坐在講堂裡，頂著俐落髮型。從大學畢業這件事也是——他將會住波士頓，讀法學院，在芬威球場賣點心飲料，正如他曾經想試試看的諸多夢想之一。我是個寫作者，這也讓我想起他——一種在這座失火城市劫掠藏私的方式，像是在混亂上強加結構，像是趕在內容腐朽以前把檔案從硬碟裡下載下來。歌曲、經典款T恤、友人語錄，全寫在我日記頁面的空白處。我拿起一張酒吧餐巾紙草草寫下字句，那是我倆私房笑話中盡責而倖存的其中一半。我之所以告訴你們這些，是因為這就是我拷貝的方式，是我說故事的方式，是我以為那些故事能在深淵之上搭起一座橋的方式。

或許這就是延續，一種把阿健召來此時此刻的方式，在兩個酒瓶相碰時，空氣中一首悲傷歌曲的魔幻聲響中，鬼魂化作真實。

——

大學到處都是人際聚散與新公寓，每一項都是重塑自己人格與環境的機會。生活節奏飛快，難以容納太多珍貴，而在期末考後你要不打包一些東西寄回家，要不就是隨手往外丟。阿健告訴我，他曾經把自己的德州長角牛隊（Texas Longhorns）球帽拋進一部路過的加長禮車的天窗裡。那年他鍾愛的聖地牙哥電光隊（San Diego Chargers）一路打進超級盃——完全值得為此辦場遊行。想到這裡我就難過，因為我的舊金山四九人隊（Niners）在那重大比賽上痛宰他們。比數簡直懸殊[1]。阿健終究人還是到了現場，為

1　一九九四年第二十九屆超級盃，舊金山四九人隊以四十九比二十六擊敗德州長角牛隊。

他的英雄們加油，不知怎麼地那頂帽子又飛回他手上，帽沿上多了一片彎曲虛線。他向我打包票那是史坦・亨弗瑞斯（Stan Humphries）[2]的簽名。當我幾天後在公寓裡偶然看見那頂帽子時，我覺得很沮喪——你和某人相處了那麼久，卻沒意識到他的頭竟然這麼小。

在得知消息的第一天晚上，在所有人都回家之後，我用電腦寫了封信給他，詳盡記下我會想念的每一件事：**他的柔嫩肌膚跟浮誇風采**，我們的固定行程跟私房笑話。我列出了他遺留的物品，因為他總是在搞丟東西：貼在我汽車芳香劑上的OK繃、依舊躺在我庫比蒂諾家中洗衣籃裡的幸運排球服。我從他身上學到的關於忠誠、時空旅行、以牛排加雞蛋配一片鬆餅來治療宿醉的種種。我們以前在美國線上聊天室取笑右派大人的螢幕假名（例如「誠吻鱷」〔TruthGator〕）。我對他寫到跟米拉共度的那晚，寫到葛溫跟阿列克正在嘗試振作，我們多麼希望他能回來。**所以陪著我好嗎，阿健？你能在我身旁更久一點嗎？**

我並未自告奮勇在告別式上宣讀悼文，但我那一整個星期以來寫作不輟，致力於某種毫不掩飾的典藏工作，讓我看起來是最自然而然的人選。截止日期逼近帶來的壓力也能轉移我的部分哀慟。

剛開始那幾天，每件事都顯得有種護符般的重大意義。待在他的物品附近讓我安心：T恤與帽子、錄音帶、幾頁《巴瑞．戈第之撲朔迷離》殘稿。他的室友邀請我們過去，我抓起我們最後一起抽的那包菸，走到陽臺。

每天早晨醒來都讓我感覺很棒。我張開眼睛，掀起被子，走進客廳。有那麼稍縱即逝的瞬間，我失憶了。我納悶為什麼我的桌上到處都是披薩盒跟衛生紙團？為什麼我們沒有把空啤酒罐統統收進垃圾袋？我愛過那種感覺——那種不明白、不記得，為時僅僅一秒的迷離。

那週我們很常一起出去吃飯。沒有人會落單，每頓晚餐都是一場派對。我們分享回憶，任情緒陷入低迷，接著有人會想起一些好笑的事，為場面懸崖勒馬。帕拉格、小

2 電光隊當時的四分衛。

珍、蘿莎與我在中式餐廳「慶東」（King Dong）吃麵，我還記得自己往後靠著椅背，盡我肉身極限如雷大笑。我們喧囂吵鬧，因為我們需要如此。我揭發阿健的祕密，告訴朋友們阿健欣賞他們哪些地方、替阿健對他暗戀過的女孩們告白。我覺得自己就像他精神不動產的遺囑執行人，散播著他的智慧與歡樂。而我也想要有個人能對我說同樣的故事。

我不斷想起那天晚上我有多麼渴望離開。我還記得我們開車去米拉住處，沿途經過時陽臺燈光看上去的樣子。我相信是自己在不經意間容許這件事發生的。

我對他寫些粗鄙而庸俗、滑稽且滿是控訴、破碎又絕望的東西，就為了想知道他能不能在某個遙遠無比的地方讀到。我跟他聊性愛與困惑，以及他母親試圖安慰我時讓我心碎光了。我在每晚睡前寫下一切，因為我絕對不想忘記任何一個細節——痛楚、宣洩、想起我們還能一起笑著時那一閃而過的欣快。在某幾頁上，我偽造筆跡，想看看我的鬼畫符能不能寫往一處延續且完好無缺的所在。我的筆跡在那週變了，曲線更卷，綴飾更多，有如塗鴉落款帶有的激動憤怒。我在尋找正確字詞時感到迷失。我們在修辭課堂上學過，德希達講「意義的延遲」，講字詞不過是無法完整召喚出其意義的符號，他用的那字眼是什麼？然而我們僅有的只是字詞，字詞既拉近我們的距離，又將我們分別流放到更遙遠的兩方。

——

我們決定集體寫作悼文。誰都能分享一些回憶或情感，我則負責整理成文。「阿健跟我們一些高中朋友才剛剛認識，」蘿莎與小珍在餐巾紙上寫著，「但那並未阻止他在一群男的過來找麻煩時，為新朋友挺身而出。阿健還是吵得最凶的那個。」一小張筆記內頁寫到他為何還是個「大孩子」。一首無意識的詩歌在收據背面被匆匆寫下，主題是永遠不會被拿來燒錄的空白CD。

奧克蘭到聖地牙哥的飛機有兩班，我坐第二班，大約在葬禮前一天的晚上八點半抵達。集體移動感覺起來相當必要。那一週的每一件事都像一場電影，橘紫色的暮光抵著友人們的漆黑輪廓。我們擠進準備載我們去汽車旅館的待命廂型車。

我坐進前座，跟司機聊起天來；在度過了光是眼見他人不幸都能讓你情緒惡化的幾天之後，跟新登場的人物說話，為我帶來一份奇怪的平靜。他是個好奇的高大男人，很顯然他真的樂在工作涉及社交的這一塊當中。他的儀表板上擺著一本自救手冊。可是我們以團體人數而言，安靜得不太尋常。在我向他解釋我們此行的緣由之後，他就讓我們各自靜靜，偶爾經由後照鏡窺看不同人的臉龐。

——

我們住進汽車旅館二樓的一整排房間。我們有十來個人。我們做的第一件事就是把椅子搬到陽臺上，好讓那邊成為吸菸區，接著把分開來的床鋪推成一張。我們心裡都在猜，參加同年齡人的葬禮到底會是什麼光景？還有哪些人會來？有誰認識他的父母嗎？他姊姊人怎樣？我熬到深夜設法寫作。我們靠在彼此身上，睡得很熟，幸福而純潔。

那是蒼蠅到處飛的一週。或許只是同一隻蒼蠅跟著我去到任何地方。躺在床上或開車時把窗戶打開時。在飛機機艙內時。在香菸一端。在我驀然發現自己走入的任何一座陽臺上。**我記得我們每個人對他留下哪些影響**，我在藍色日記本裡寫著，**作為交換，我**

則染上尼古丁癮頭。一隻蒼蠅落在紙頁上並走了一趟，牠的行跡是一句我無法辯讀的話語。

我沉迷於記錄一切，挑明氣氛裡的每一個不對勁。我在日記本的空白處畫下這間汽車旅館的格子棚架。我盡可能寫下我能記得的一切。有些是為了留待未來研究，增字密語寫著以我目前詞彙而言感覺太過美好的過往時光。我出於對過去的責任感而寫。有些頁面寫滿私房笑話，因為我不想忘記什麼是那次「雞蛋大慘敗」，還是阿健的哪個朋友永遠不會記得我的名字不叫「阿瓦」。

週六下午，我們獲允在殯儀館瞻仰阿健遺容。我悼文還沒寫完。沿街行車到殯儀館給我一種既視感。或許是天氣的關係吧。我跟安東尼與其他男生在一起，盡可能在停車場裡晃久一點，以拖延那不可避免的最後一面。我們像是準備上場打重要球賽那樣彼此搭肩成團。那感覺令人安心，我們輪番向彼此保證會永遠是朋友。我們花了好幾天召喚阿健的神髓，回想他的視線與舉止與氣味，而今他的遺體就在幾碼之外。我們輪流走向阿健的父母，他們臉龐浮腫起皺，逐一安慰我們每一個人。然後我們分別走近靈柩致意，看我們的好友最後一眼，共度最後一刻親密。當我走向他時，腦中無法擺脫一種好奇疑問：我們會不會看到子彈從他額頭穿出的那道傷口？**搞屁啊，阿健**。我窺進靈柩時悄聲說道。一隻蒼蠅停在他的臉頰上。我揮了揮手，幾乎要碰到阿健，但那蒼蠅一動不動，猶如嘲諷著我。

這一切吉凶徵兆難道都是玩真的嗎？我開始相信這些在我身邊飛來飛去惹我不爽的蒼蠅就是阿健，於是我發出一陣歇斯底里的大笑。

在旅館換裝完畢後，我們開車到附近的溫蒂漢堡。我帶著藍色日記本蜷縮在沙發座上，設法寫完悼文，同時間一隻蒼蠅降落，走過我剛寫下的字句。牠停了下來。我畫了一個圓圈把牠圍住，微笑著。

告別式在早上七點舉行，雖然那白天感覺起來有如一場完全靜止的漫長午後。流程手冊的封面上有一張阿健的小小彩色照片，相片中的他看起來好像準備要把你看穿似的。下方印有字樣：「痛失摯愛，但永不遺忘。」現場只有站位。環顧室內讓我打起一股欣喜冷顫。我看見米拉，我們有好幾天沒說話了，而且她並沒告訴過我她會來。我突如其來對她生起一陣迷亂愛意。一位阿健所屬教會的長者說他從沒看過這麼多人來參加告別式。這些人讓我想起阿健的其他身分：「肯尼」（Kenny）、大聖地牙哥地區日裔美籍社群成員、弟弟。一份舊金山報紙將他描述為「一位學者，ΣAM兄弟會（Sigma Alpha Mu）成員，最近開始跳搖擺舞的排球員」。報紙稱他為「肯尼斯」（Kenneth），並提及我不認識的其他朋友。我以那麼一種特定的方式認識他（「山崎廣」），而這種方式感覺開始微不足道。告別式上，他的高中朋友、兄弟會成員、家族認識的教友都為他獻上花束。他的家人在教會裡設立紀念獎學金。我甚至不知道他們家上教會。

告別式並非只辦給我們這群人參加。我們只是他的朋友。我們僅僅在他相形短暫人生中的幾年間認識到了他的一點皮毛。

葬禮越來越感覺像鋭舞派對。很擁擠——我能看到室內空氣流動起來。大家彼此碰觸、搖擺，你倚靠在鄰人身上，並散發著一種氣場：你在自己的私我世界中孤獨，並急切想走進另一人的世界，跟他在一起。一抹橫越室內而來的痛苦笑容就能使你潰不成形。大家一起打著歡樂的拍子，笑出銀鈴般的聲音。藉由小動作、啜泣、在教會長椅上前後擺動，每具身體都在試圖袪除某些邪厄，試圖奪回控制。我想大叫，我想聽到每一顆心臟在這份凝滯中搏動。

流程手冊將我列為ΣAM兄弟會成員，這件事會讓阿健覺得很爆笑。

——

我放聲朗讀我們共同寫作的文章。這位男子懂得生活之道。他眼底閃爍的光輝、他各式各樣的髮型——每一種都值得效仿——他從危機中脫身的妙計，不論那危機指的是在圖書館引起喧譁，還是差點讓你錯過飛機。他很明顯地格外值得原諒。他從未尊重過你的睡眠權利，尤其在他有了新發現或思想突破近在眼前之時。他是這個星球上最不憤世忌俗的人。一個大孩子，在該爭執時表現忠誠，是私房笑話的可靠收藏家。他會大笑出聲，總是如此。

我花了好幾年，試圖描述那種笑聲——嘶啞而帶有鼻音。我唯恐自己有那麼一天會忘記那種笑聲。他喝醉時眼神低垂的樣子，他自信的淺笑潰散成呲牙咧嘴的大笑。一個孩子的咧嘴大笑。他宿醉時的菸酒嗓，挑起爭吵時的呲呲聲，當他像個教練般把你弄醒趕下床、趕出房間、逼你走進這個世界時的興高采烈。

那是一場靈魂出竅的經驗。我認不得紙頁上的字——我根本心不在焉。我認不得我身上穿的衣服：幾天前買的黑色保齡球衫與細條紋長褲。我們每一個人都必須守護與他共有的回憶，我說，這麼做才能把他的點點滴滴召喚回來。這是帶上他與我們一同邁向未來的唯一方法。我列舉了我們再也不能跟他一起做的事情：從他與伊拉米和阿列克吊人胃口已久的〈鋼琴師〉（Piano Man）演唱，至於送生日禮物給史提夫，乃至於畢業、婚禮、與葛溫未來的小孩玩耍。**我們很抱歉這個世界竟然這麼他媽爛，把你從我們身邊奪走，也把我們從你身邊奪走**。

珊米覺得髒話對如此莊嚴肅穆的公開活動而言有些過火了。

——

回到座位時，我感到一陣耗弱，一整個星期以來的疲勞終於追上進度。有那麼幾秒，我見證了平靜。我的下顎與肩膀終於放鬆；我把頭靠在西恩肩上，另一邊手臂掛在安東尼肩上。這篇以我們眾人回憶鑄造而成的悼文，從無關緊要的方面來看，恰恰就是生命在那一天感受起來的樣子。那或許並非一篇好文章。但因此完美。

我們緩步魚貫而出。告別式結束時已經傍晚，但太陽還掛在空中，使我有點憂鬱，好像時間完全不曾流動，也毫無任何事情發生。我不好意思在阿健的家人面前抽菸。我從西恩的Camry車窗探身而出時，燙傷了手臂下側，我帶著吼腔向停車場的每一個人說我愛他們。我們以帶有敬意的音量播放〈岔路口〉。那也很完美。語無倫次又暈頭轉向，幸福而甜膩，起伏不已——骨頭惡棍與和聲合唱團的饒舌唱出人類極限之快，快過於時間本身，冀望能追上已然逝去的親友，就最後那麼一次也好。我之前在宿舍裡聽了這首歌成千上百次，當時我還想要反抗歌曲滲出的溫柔，如今那卻是一帖鎮靜劑，是我唯一還能消受的音樂。聽歌的那幾分鐘，比較像在深深鑽進當下的層次與肌理，而不是逃避當下。某種降靈會。骨頭惡棍與和聲合唱團是一群初次挑戰嘟哇唱腔（doo-wop）[3]的饒舌歌手，他們彼此糾纏的聲線帶有一種挑釁的不完美，箇中自有況味。那聽起來就像證明了某種更高位存在。

眾人車隊往阿健老家駛去，他的父母邀請我們過去參加葬禮後的小聚。西恩跟我離開停車場時，我才發覺自己之前早就來過這裡。幾個月前阿健曾經帶我去CD城採購錄音帶，而殯儀館就在CD城那條街底。西恩停下車，好讓我能去外頭抽根菸。

他的親友保證每個人全都能吃得很飽。我不敢置信他們竟然還有力氣去準備那麼多食物，還要照顧我們每一個人。二十來個人這麼不合理的人數，在他們家沙發上擠成一團。他父親面色泛紅，你能認出阿健的眼睛是遺傳自誰的。他父母並未在我們面前哭泣，但表情就像他們餘生再也不會歡笑那樣。西恩與我輪流出門透氣並坐在路緣磚上啜泣。離開前，阿健的家人說會把我們想保留的任何物品寄給我們。

當晚，帕拉格、西恩、戴夫跟我去了阿健常掛在嘴邊的巴隆那賭場。賭場在湖濱區（Lakeside），往東大概一小時車程。我本來並不想去，但我又想做些什麼、去到哪裡，感受車上溫馨的空間，然後在陌生人群中遊蕩。我們坐上西恩的車，模仿阿健的精神喊話：「上維加斯去啦，寶貝！」——他很愛引用這句《愛愛大風吹》裡的臺詞，就算擺在我們眼前的冒險不過是趟走去買墨西哥捲餅的短暫路程。巴隆那絕對不是拉斯維加斯，起碼不會是金碧輝煌的模樣。人們歡樂地拉下角子老虎機拉桿、帶著焦急的絕望要撲克牌的樣子給我的感覺既骯髒又可悲。我輸了二十塊，接下來幾個鐘頭都兜著圈子

3 美國五、六〇年代的藍調曲風，特色是以「嘟」或「哇」等無意義詞彙唱的優美人聲合音。

走，在提款機明細及名片背面寫下這一天的事件。

——

我們在週日清晨飛回柏克萊。我一回到公寓就癱倒在沙發上，看著灰塵在空氣中慵懶地飄，然後播了一首美好的歌。我不記得是哪首歌了，只記得它的美好，映襯著寧靜的藍天，令人無法承受。曾經，合音代表崇高秩序的存在可能，或者代表一種我們僅能辨認出其美好的永恆真實解答；我們能夠感受到合音的振動通過身體。如今這種感覺只能讓我不適。我不斷把立體音響音量調得越來越大，大到歌聲淪為失真的震耳噪音，接著我切掉音樂，去了浴室。我拿出安東尼的電剪，裝上長度最短的刀罩，接著把我的頭髮剃光，只在後腦勺留下明顯的一片。

我出了門，去電報街上新開的素食快餐店跟阿列克與葛溫見面。我走錢寧路，以免看到阿健的陽臺。獨處的感覺很怪。阿列克和葛溫注意到我的新髮型，但他們過於疲倦，又或許過於善良，並沒有點出這髮型有多難看。我們小心翼翼、拐彎抹角地聊天。

午餐後，我沿街走至阿米巴音樂城翻翻CD。但每一件事都讓我想起某些過去，召喚出那不再合適的渺小感受或難相處的羞澀內向。音樂不再能模擬出一種更美好的世界。〈只有天知道〉令我惴惴難安。我聽出來的是過去聽這首歌的每一刻。從阿米巴音樂城的二手唱片箱檢出來的《寵物之聲》刮傷黑膠唱片、在聖巴布羅找甜甜圈時的齊唱、溫書休息時間、我們從核桃溪城（Walnut Creek）搭史蒂夫的敞篷吉普車回艾爾卡洪時沿途剖析電影《不羈夜》（*Boogie Nights*）的場景。片刻瞬間看似毫不重要，直到你有了理由去緊抓不放，將其擺放出一種模式。卡爾．威爾森聽起來不再柔情純真，而是嘲弄，保守著一個我亟欲知曉的祕密。他哥哥布萊恩編曲的壯麗、聲音的完美、不同的個人一起唱進一首美麗歌曲的內裡——這一切都使我感到厭惡。我認為自己不再能夠聽任何來自我過去的歌了。

——

葬禮後，我重回里奇蒙的暑期教學崗位。青少年中心主任鼓勵我請幾天假，不過重返一些例行公事或許才是明智之舉。現在，我會在數學單元中隨機演起一場獨白，勉勵學生保持友誼緊密、把握年輕時才有的機會。「只要我還活著，我才不在意我年紀是大是小。」一位叫梅麗莎的十歲孩子做出回應。某天，我請他們繪製「生命地圖」，將他們的家族歷程與他們做的任何未來夢連結起來。我們一起看了不少次辣妹合唱團（Spice Girls）的電影錄影帶。日復一日，無論我能打起多少精神，全都會用來祈禱錄放影機可以運作無礙。我坐在教室後方，看著我的孩子們觀賞電影，想到他們尚有能夠為些什麼入迷的能力就感到平靜。我能理解教學工作有一部分就是當個吸血鬼：你利用著學生的精力，而你學習到的就跟教導出去的一樣多。

我對確保他們人身安全有種責任感，雖然我並不了解他們生活中的危險明確而言為何。每一刻都很重要，都能用來傳授一些人生教誨。我花更多時間開車載他們到處逛，而不是用來幫他們的作業單打分數。下課後，我若不是把他們載回家裡，就會勇闖路上另一間更加生機蓬勃的購物中心。我會帶他們一些人去百視達租部電影，而不是去Target隨便買點零嘴打發他們。我到處看看時拿起一包棒球卡。一個性格強硬、名叫梅根的十三歲女孩問我，說我玩棒球卡會不會有點太老了。我跟她扯了一些懷舊誘惑與童年回憶，而且亟需再次緊抓那種無憂無慮的天真不放。她看著我禮貌地點了個頭，但幾乎掩藏不住對我的惡評。我是在浪費錢。

某個週五下午，我開車載他們兜風；我看著後照鏡，鏡中的四個孩子都來到長成青少年的關頭，肩並著肩，洋溢著一種在那個年紀感覺起來既臨時又新鮮的親密。我懶得再對他們播我錄製的地下嘻哈，或是史萊與史東家族合唱團（Sly and the Family Stone）的錄音帶，又或是為他們上個一課，讓他們明白是社會經濟脈絡定義了他們最愛的饒舌藝人與歌手。他們想聽吐派克的熱門曲，而不是我專輯裡的那些。他們掌控起收音機。他們跟著齊唱〈慢慢來〉（Nice & Slow）的時候，一道陽光照進車內，落在其中兩人的臉頰上。他們之中沒有人會讓我想起我自己，或是跟我一起長大的其他亞裔。但其中一個男孩讓我想起亞瑟小子（Usher），就在他的微笑與舉止之間。他身旁的女孩看著他而臉紅，意識到她的眼神多留戀了那麼一奈秒而害臊起來。男孩只是不停左右搖擺，唱著歌；他那活像瓜藤捲鬚的瀏海也隨之搖擺。這些歌曲教他們的是如何去欲望、如何表達自己。這些都是還沒生根萌芽的情感，但很快就會全面掌控他們心智。

那年收音機上的每首歌都有Master P[4]聯名饒舌。起初我覺得這種音樂太慢了。我不喜歡他咬字的某種枯燥誇大，好像他很高興自己沒有多少詞要唸似的。他是在呻吟而非饒舌。我總是會向我的乘客指出，雖然Master P絕對是爛到家了，但他也是從里奇蒙發跡的，就像他們一樣。他的家族企業唱片廠牌No Limit是嘻哈史上最成功的案例之一。這些孩子們有朝一日也能成為企業家。

隨著暑假將盡，而我越來越常聽到〈讓他們無言〉（Make 'Em Say Ugh）還有席克（Silkk the Shocker）的〈我又沒錯〉（It Ain't My Fault），這種音樂在一種人性基礎層次上對我產生意義了。這些饒舌歌手以他們自己的步調遊走人間；每當他們詞窮，他們就上下搖擺身軀。有時一聲咆哮或嗚咽所能道出的勝於言語。他們的節奏聽起來好似地府的死者在推家具。他們每一首愛歌，從No Limit國歌到軟核慢板即興，我幾個月前還在抗拒，但我們開車兜風的時間之長，長到讓這種音樂竟成為我如今最不可或缺的聲音。布蘭蒂（Brandy）與莫妮卡（Monica）所唱〈那男孩是我的〉（The Boy Is Mine）曲中天堂般的豎琴聲；艾莉亞（Aaliyah）的〈你就是那個誰嗎？〉（Are You That Somebody?）中咕咕叫嚷的嬰兒。音樂曾經讓我學會暗戀、害羞、自覺渺小的美德。現在我沉迷的歌曲敘述心碎與振作的浮誇史詩、盡收人生的勝利時刻與哀愁，那些事情永遠比某個男孩或女孩更加緊要。

——

阿健死後一週，我跟朋友們形影不離。珊米、阿列克、葛溫、亨利與我從葬禮回來後沒幾天就去看了《哈啦瑪莉》（*There's Something About Mary*）。電影開場時，我想起阿健跟我幾個月前看過這部電影的預告片；當時我們正快車趕往愛莫利維爾市（Emeryville）看晚場的《楚門的世界》（*The Truman Show*），我們本來就計劃好要一起看《哈啦瑪莉》。阿健在我的記憶中仍舊鮮明，我仍舊知道他會喜歡哪些臺詞，而我彷彿還能聽到他將這些臺詞唸出聲來。

時間一久，由於我們各自在不同的哀傷階段匍匐掙扎，也有著各自的傷痛地雷與

4 Master P本名為波西・羅伯特・米勒（Percy Robert Miller Sr.），是美國南方嘻哈的傳奇人物、葛萊美獎最佳製作人，也是美國南岸最具規模嘻哈饒舌大廠No Limit的創辦人之一。

情緒強度，在一起哀悼變得越來越難。安東尼回到校園打工，他的老闆隨口講起她在一九九〇年代早期如何從舊金山某法律事務所的大規模槍擊當中生還。她並未解釋自己為何要分享這則故事，安東尼也不知道該說什麼。但他老闆感覺像是試著伸出援手，這是對成人而言得來不易的一課：生活總該繼續下去。在我們小圈圈以外，沒有人知道該能對我們說些什麼。但起碼，在我們這個小圈圈裡每個人都心知肚明，這些無語所強調出的究竟為何。

我在我們小團體界線外第一個搭上話的人是小杰，他是我在里奇蒙的導生。他十三歲，笑容強烈到有點嚇人，他坐得僵直，聽取我故事裡的每個細節。他並不在我的暑期班上，但常常待在青少年中心裡，我認為這是個好現象。與他寡言又睡眼惺忪的兄弟相比，小杰老是口無遮攔，惹事生非，瞪大眼睛威嚇想挑戰他的任何人，不論年紀。我喜歡有他待在身邊。

我承諾帶小杰去看電影。一個安靜的週三下午，阿健葬禮的一週半過後，我帶著小杰和導師計畫的其他幾個男孩去一間在地購物中心山頂商場（Hilltop）看電影。我腦袋不甚清楚，直到電影開演十分鐘，我才發現《玩家俱樂部》（*The Players Club*）——一部黑色喜劇，演爐灶剛起的脫衣舞俱樂部——對他們來說還太早了。他們簡直無法相信自己的好運，看到第一個裸女登場就樂得扭來扭去、咯咯生笑。

電影結束，我們緩緩走出影廳。小杰看著我。「跟我們一起在商場裡走走吧，阿華。」明明我才是監護人，卻是他跟他的朋友們在守護著我。我跟其他孩子說了我好友的遭遇。「很難熬吧，老兄。」最睿智的男孩燦略帶破音地說道。「老天，那有夠慘。」他們當中有個人願意某天買午餐請我吃。

他們再也沒提過這個話題。小杰倒是開始幫我跑腿，從青少年中心走短短一趟路，把教學道具提到相隔幾扇門的教室裡。

八月，在暑期學校的最後一週，孩子們向工作人員下戰帖打壘球賽。我想這會是結束這個暑假的完美方式，我將在壘球場上贖回我的靈魂。

比賽當天來臨，在一夜積極想像正面結果過後，我相信一切都安排得妥當無比。教職員工隊進入第八局，落後一分，第一位打者是我。我前幾局已經打了一場穩健但不出色的比賽，揮出兩支一壘安打，場上防守零失誤，但大概是因為兩邊隊伍都沒幾個人打過多少次壘球，大家不斷三振出局。現在是艱難的一刻，我的隊伍需要我。

我身穿迷彩短褲與Polo衫，戴著一度屬於阿健的Nike遮陽帽，腳踩一雙銀色Air Max鞋。我把白襪拉到極限高度，高到我的膝蓋處，好在我跑壘時突顯出我的滑壘動作。我把車鑰匙從短褲口袋拿出來，交給其他教師。接著，我大步走向本壘板，對我的學生眨了眨眼，用球棒敲了敲鞋底，然後踏上打擊位置。小杰露出微笑，把球往我拋來。我砍了一記虛弱的內野右側滾地球；球緩緩滾過壘土，無害也無力。我用我的最快速度沿著壘線奔跑。

二壘手將球暴投出界外，球滾到停車場。我豪放地趁機登上一壘，接下來傲慢地奔向二壘。兩個外野手的眉目傳情被我注意到，所以我決定衝個三壘安打。我想像自己以一記完美的彈滑上到三壘，拍掉手上的壘土，抬頭看見休息區坐滿興高采烈的行政人員。接著我看到球飛向三壘，注定會比我早到。我打量了一下三壘手，是梅根。我擊球時她已經把手套往半空中丟，所以我應該能認為她對朝她而去的球跟我都毫無防備。

我一直在找致勝時機。這局面看來划算無比。趁隙上壘吧。

我跟這些年輕人共度許多美好時光；哪裡輪得到我教他們說人生很簡單或很公平，又或是人應該信賴權威？有時候事情就是一團亂。你往他處尋求庇護，進而領悟到那一團亂到頭來並不只是夢一場。條子無故騷擾你；你一雙疲憊父母的情緒，似乎受你尚無能名狀的外力左右。你那平日裡中規中矩的二十一歲導師朝你衝來，為了榮耀根本不顧一切。他們還有很多能學的。

投向三壘的球領先我一段可觀距離，但我還是滑了壘，撞上梅根，踢到她的手套。她鬆手，球掉落，人也摔倒了。因為球場維護得很差，壘線還是用石頭跟玻璃屑排成的，我的小腿前側整片血肉模糊。我繼續奔壘，把腳重重踏在本壘板上，雙手甩到半空中。我的膝蓋因為血液全在往下流淌而感到冰涼。我感到自由。我大叫。

我的隊友們——行政人員、教師、其他導師——沒有一個在這支扯到極點的場內全壘打之後過來致意。他們只是呆若木雞地站著。我老闆的下巴闔不起來，她一副被嚇到發不了火的樣子。另一位暑期學校教師設法以一抹受驚的淺笑來掩飾她的嫌惡。其他大人都用手遮臉。男孩們則高興極了，跑到本壘來將我團團圍住。

——

暑假結束時我如釋重負。日子積累、星期流逝，事情必須好起來。我在日記裡寫這場壘球比賽，以我的新世界觀作結：「**人生如梭**。」我的膝蓋上結了一塊令人噁心、午餐肉大小的痂。我欣賞那塊痂擴展、變異、現出新裂隙的樣子。那看起來好比在海面上緩慢延展的陸塊。我把這道傷疤當成勳章配戴。我喜歡講述這道傷疤的由來，因為我陶醉於那種暴力的樣子有些悖離常態；也因為那是一個新的故事——一個跟阿健或我的過去毫不相干的故事。

暑假期間，我天天在米拉的公寓過夜，但從沒想要說太多話或做太多事。對照我倆的秋季學期課表時，我意識到我們不能再一起吃午餐，然後發了一頓脾氣。她的室友是阿健的兄弟會成員查爾斯。那時查爾斯剛開始跟米拉的兒時玩伴凱西約會。我欣賞查爾斯結束一日的儀式：一瓶啤酒、一根菸、幾局PlayStation棒球賽。一當米拉上床睡覺，查爾斯跟我就會安靜地打起電動，將我們的命運投射在螢幕上。

現在我的暑期打工既然結束了，我就能跟我媽飛去台灣陪我父親幾週。他們認為換換環境對我有好處。在這種可以小到應付得來的親子環境中安頓下來讓我感到安心。他們給我獨處空間。我夢見阿健跟我走向7-11，並為自己可以歸還他父母寄給我的那件

Polo Sport上衣而感到鬆一口氣。隔天，爸媽跟我去宗祠為祖先上供。我之前已經做過這件事千千百百回，但這次感覺不同。我想從線香叢裡選一根最好的，走近神壇時的動作必須精準完美。我鞠躬，開始向祖宗碎唸。當我張開眼睛，有隻蒼蠅停在一串念珠上。

阿健死後幾天，我媽在我開車時打了通電話到我的手機。珊米幫我接聽電話，他們聊了幾分鐘。我媽對她說，已經發生的這件事實在駭人聽聞，但我們還是必須設法把日子過下去。那建議乍聽之下很無情，尤其我們尚處於震驚狀態。那通電話結束後，我父母就鮮少跟我聊到那件已經發生的事。

我們離開台灣時，我爸給了我一封寫在影印紙上的信。他寫道：「每當我看看工作以外的事——這個社會、這個世界，都讓我備感挫折。」他感嘆於膽小的投機者誆騙著經濟制度。「我們不能指望惡魔改變他的心意。」我爸從未提到上個月發生的那件事，但他希望能提醒我，他跟我媽都站在我這邊，儘管大四時「有些世事難料」。或許我能考慮各種能在法律系統中推行有效變革的作為，他寫。「你怎麼想？」

他還給了我一捲巴赫大提琴組曲錄音帶。「這音樂好像在嘗試觸及『真正的自由』這個母題。」他寫著。或許我對此會產生比他更深刻的理解。「我還是喜歡貝多芬、布拉姆斯、柴可夫斯基、巴爾托克、楊納傑克。當我感覺不太好的時候，我會聽這些音樂來讓自己平靜下來。當然，巴布·狄倫跟尼爾·楊也會產生一點療效。你呢？」

感覺很怪，因為我們全都要在沒有阿健的情況下變老。我在日記中如此寫下，雖然到當時為止他走了不過一個月。我幾個小時前才感受到這種令人作痛的傷逝，隨即就以可能是哪個歷史學家描述幾世紀前某個時代關頭的筆法寫下這些感觸。

升大四前的最後週末，我跟珊米、阿列克、葛溫、戴夫，還有其他幾個人去了聖盧卡斯岬（Cabo San Lucas）。背包能塞多少東西我就塞多少。我習慣起戴上阿健忘在我公寓的古巴糖王隊棒球帽。阿列克一直戴著太陽眼鏡，因為他右眼下方有一道怵目驚心的疤痕。他在葬禮後就放棄戒酒了。葛溫工作場所辦的一場活動開了攤免費酒吧，阿列克在那裡喝得太醉，就在街上倒下，跌破眼鏡，差點弄瞎自己。

我怕我們飛往墨西哥的班機會墜毀，開往度假村的計程車會與迎面而來的車流對撞，我會從床單上感染某些罕見傳染病，我在壘球賽上受的傷會惡化到需要截肢。某天下午，其他人都去了深海船釣之旅。因為我不會游泳，只好留守後方，目送他們搭的船消失在地平線後。我在空無一人的海灘上往返踱步，心想他們要是發生什麼糟糕事情的話，我該怎麼辦。要是船上的工作人員不是漁夫和導遊，而是犯罪黑手，我該怎麼辦。天空極其美麗且平靜，但假如颶風襲來，而我朋友們的船隻擱淺，我該怎麼辦？永遠預設最糟狀況，霎時間都有其道理起來。

我們走往海灘的路上總是會經過一座建築工地，頭上幾百呎處的工人會對珊米與葛溫吹口哨。我想從上面那裡看下來，我們一定都很平凡無奇。

在墨西哥跑趴是我在阿健生前絕對不會去做的那種事，但我期盼這麼做能使我沾染上一種對玩樂的開放心態，藉以致敬與他共創的回憶。我與玩樂之間的關係令人憂心忡忡。我把多數時間用來寫我的日記，或是在夜店外面抽菸。我就像個派對死人，無法轉換鬱悶心情，只是啜飲新堡啤酒，把瓶上的標籤撕下，信手寫上時間地點。我不停欣賞我的痂，摳它、撬開它的邊緣，直到它終於準備好被我釋放，飄進太平洋的溫暖海水遠去。

HUT 'EM DOWN

ARE INVOLVED IN PROJECTS OR COALITIONS
G FOLKS ON THE INSIDE, HELPING YOUNG
STAY OUT, OR STRUGGLING TO CREATE AN
OF THE WHOLE CRIMINAL INJUSTICE SYS-
COME TEACH OTHER FOLKS HOW THEY
SE DOING IT TOO. CONTACT US NOW TO
A WORKSHOP OR SPEAK ON A PANEL.

TICIPATION IS FREE!

CRITICAL RESISTANCE

PO BOX 339 BERKELEY, CA 94701
(510)643-2094 (510) 845-8816 (F
WWW.IGC.ORG/JUSTICE/CRITICAL
CRITRESIST@AOL.COM

planet rock
DON'T STOP
MASSIVE
SATURDAY JULY 18th 1998

有個代代相承的傳說，說是一名讀過我們高中、不起眼的工程主修生，因為某次電腦科學考試表現不佳而心煩意亂。當一個企圖行凶的搶匪拿著刀子逼近，他從對方手中一把奪走武器，丟進草叢，繼續走他的路。我今天過得很糟——他恐怕有這麼說過。

在柏克萊生活四年以來，西恩兩度因為陌生人損失一疊鈔票，雖然第二次是他自己太好騙才招致的下場——當時有個男人坐在廂型車裡對西恩兜售一台全新筆電。他透過窗戶給西恩看了包裝紙箱。開價兩百美金。他們一起前往提款機。但西恩慢慢意識到這場交易划算到不可能是真的，他便開始跟那男人纏鬥、好拿回他的錢。那男人咬了他的手臂，跳回他的廂型車裡，然後加速駛離。我們不敢相信這位在紐約還是紐澤西長大的西恩，竟然沒懂幾招街頭生存之道。

我的錢包在阿健喬遷派對前幾個月被搶過，就在拉帕努伊公寓那條街的街尾。我不太確定交出財物後的標準流程如何，就只是站在四名青少年附近，看他們檢查我的錢包內容物：沒有現金，只有一張百事達會員卡、一張皮夾附贈印有Playboy兔頭的假信用卡、一張粉紅色索引卡（記錄小誌要用的點子）、一張摺起來的碧玉照片。我開始往家裡方向拔腿跑走，然後聽到像是North Face風衣外套的嗖嗖摩擦聲緊跟在後。我回頭一看，其中一個孩子在追我。他想把錢包還給我——他們對我感到很抱歉。

這些都並不會讓柏克萊顯得危險，頂多是接通了一個比我們許多人出身的無聊市郊還更為廣闊複雜的世界。我們就讀的並非一間與世隔絕的學校。大學生在積極進取的盜賊眼中，看起來總像容易到手的獵物；而對多數學生來說，那代表的不過是單車失竊。阿健的凶殺案是一起脫軌事件，與我們其他人體驗過的寒酸家常犯罪，處於光譜截然不同的兩端。柏克萊校園自從一九九〇年在杜蘭大道上發生的亨利酒吧（Henry's Bar）人質挾持事件，或者一九九二年一名學生在校園學生自治會暨社團大樓艾舍門館（Eshleman Hall）遇刺過後，再也沒有碰上這種事情。

柏克萊這種地方的日常危機並非這種規模的悲劇，而只是因為這所學校跟外頭的世界太過鄰近，導致其間並無真實界線，成人生活詭異醜陋的景象總是會招呼到你面前。

知識或許不會讓你獲得自由或照亮你的前程。知識也可以成為某種牢籠。

柏克萊的主廣場上老是有行跡怪異的成年人出沒：曬傷的LSD神遊者，某些政治目標或陰謀論狂熱分子——他們的主張就算在沒那麼自由派的環境裡都過於極端。有些人從來不穿衣服，有些人卻看起來一年到頭都穿太多衣服——厚重外套，再掛上詳盡描述比爾·柯林頓（Bill Clinton）、中情局與達賴喇嘛三者之間千絲萬縷的海報。我偶爾會在德懷特路上看到一名過分親切的中年男子，從頭到腳穿著納粹軍禮服；他裝束的一絲不苟，更映襯出性格的反常。你永遠猜不到的是，開闊的未來或許致使你退縮進內心最偏僻的角落。這個世界就算難以戰勝，對他們來說依然單純如斯——一則你反覆述說、說到駕輕就熟的故事。或許正是因為這麼做了，他們的世界、他們對永久失落政治目標的狂熱，才變得如此單純。

某個肌肉賁張得令人神經緊繃的男子，會穿著全身卡其服，在傍晚時分巡邏史普羅廣場的階梯。他來回踱步，不對特定某人演講，從遠處看起來，他好像是在賣健身營養補給品。一旦他的自製海報晃進你的視野，你才意識到上面滿布怵目驚心的流產胚胎放大照片。他看來極度了無生趣，一心只想挑釁而非說服我們。想像一個激烈反墮胎的健美人士內心演什麼獨角戲，實在有點好笑。學生設法與他辯論、惹他情緒崩潰，試探他頭殼裡有沒有腦子在。然而這一天，我們並不想被人提醒什麼生命、死亡與地府。**一九九八年九月二日，開學第一天，中午左右，我們坐在史普羅廣場階梯上，聽著每個信教的混帳對我們說，我們通通都會下地獄。葛溫放聲痛哭起來。場面艱難。**

那年秋季學期，校方湊齊一份阿健友人名單，寄來電子郵件，為我們提供哀悼諮商。心理治療在我看來既迷人又奢華。我並不憂鬱，那種疾病史我聯想到某種苦悶的身心停滯。我並不想死，雖然我對死後的繁文縟節越來越感到好奇。**身在彼岸是什麼感覺？**我並沒有焦慮到全身僵硬還是什麼的。我忙碌、狂亂、通宵達旦地閱讀與寫作。

就我所知，我們之中沒人接受學校提供的援助。起碼沒人說過這件事。漸漸地，我們開始完全不聊整個暑假發生過的事。帕拉格注意到，今年直到七月之前，對我們多數人而言都還算是美好的一年。我們最好找出自己的前進之道。我會在美國線上即時通（AOL Instant Messenger，簡稱ＡＩＭ）上把這件事向全國的熟人一吐為快，接著無視他們的來電。我在尋找新的日常行程、一種重設生活情境的方法。我的思緒卻不停奔回那個晚上，使得我在已經努力重拾一點生活節奏的要好朋友之間感到格格不入。

我時常穿過走廊去帕拉格與西恩的公寓看棒球，因為他們接了有線電視；那年，馬克・麥奎爾（Mark McGwire）與山米・索沙（Sammy Sosa）兩人歷史性地競相角逐羅傑・馬瑞斯（Roger Maris）曾創下的單一賽季全壘打紀錄。我會留下來看一眼麥奎爾或索沙的打數，然後安靜地沿著走廊回家。偶爾我會不請自至地參加亨利酒吧的「週二夜喝兩杯」，那是他們的便宜啤酒促銷活動，基本上就是在中立地帶舉辦的兄弟會派對。有個穿著端正休閒西裝與卡其褲的中年男子常常參加這種活動。他一開始會若有所思地獨飲，到後來喝到請幾名兄弟會成員一輪啤酒，介入他人將來的美好往日。我總是抽離當下，觀察著他，納悶他自從畢業之後，是每晚都來，還是只來週二夜；他在一大群邋遢大學生圍繞之間，圖的又是什麼樂趣。他宛如另一條時間軸來的密探。未來，我們會不會也是這個樣子？我的思緒又難免繞回阿健的派對，想起這間酒吧離他的兄弟會舍只有幾個街區遠、我們在對街美食廣場度過的所有時光、把附近敵對兄弟會舍的窗戶砸破的那次任務。每當我朋友們啤酒下肚，很明顯地我心思卻在他方。他們回歸正常生活看似何其容易。而我覺得被拋在後頭，並賣弄著我的悲傷。但我同樣害怕他們的批評：我還固執地選擇留在過去。

我對阿健寫他正在錯過的每日大小事：電影、加州籃球隊的新人、我修了某堂他應該會喜歡的政治理論課。那堂課的教授是個瘦小耗弱的男子，名叫麥可・羅金（Michael Rogin）。在我想像中，他就是紐約的化身：步調緊張，在黑板上慌亂地塗鴉出一個全新宇宙，粉筆灰四處飛揚，狂熱地講解納撒尼爾・霍桑（Nathaniel Hawthorne）與赫曼・梅爾維爾（Herman Melville）跟身為美國人的我們有什麼關係。過去，他們對我來說都一樣：一群作古的白種男性。但其內涵不僅於此——因信仰而痴狂的讀者、討厭他們卻被迫閱讀文本的讀者、爬梳遙遠過去以一瞥未來的讀者，對他們又都做出了一連串的解讀、重讀與誤讀。

羅金的課不像我在政治學系修過的其他典型課程。隨便舉個理由來說，他承認美國歷史正是始於征服與支配。他向我們指明奠基美國偉大事業那被壓抑的罪惡感或憂愁伏流。一切都有潛臺詞。我們的國家有鬼魂縈繞。第一天課程結束後，我趕去他的課後輔導時段，說服他擔任我的論文指導教授，雖然我還沒有找到主題。

有時候，羅金會透露一些他過往生活的線索。他告訴我們自己上學時是怎麼坐在洛克斐勒家的人旁邊——當年哈佛按照字母順序為所有學生排座位——這些同學又怎麼把他當成藍領猶太人加以藐視。我為這些吉光片羽而生。我想理解他如何成長為一個男人。在他提及《國家》（*The Nation*）是他最愛的雜誌之後，我就開始向那本雜誌投稿；我還去老莫書店（Moe's）找出他寫過關於梅爾維爾[1]、塗黑臉（blackface）[2]、隆納・雷根（Ronald Reagan）[3]的每一本書。我每週都在課後輔導時間現身，鸚鵡學舌地複誦他在課堂上說過的話，並記下我在他桌上偷看到的書籍標題。我想跟他聊所有事情，但我想像不出他會在乎的樣子。

幾個月後，他對我去辦公室叨擾又沒頭沒腦地傾吐論文想法的行為感到厭倦。「你每週都來，」他說，「但你只是想說話而已。」我無地自容；他顯然把我視為來拍馬屁的人，而不是想法值得認真對待的人。但他說得對。「你先寫出一點什麼再來吧。」

——

我有好多事情想告訴阿健。我的日記寫了我們聊天後續的我這一半內容：我跟米拉勉強維繫的關係、阿列克跟葛溫的近況，還有我跟阿健的兄弟會成員查爾斯一起混，而且我們一起打電動時我都會選教士隊。裡頭沒有瓦利・喬伊納的位置，但奎維歐・維拉斯（Quilvio Veras）已經成長為一名優良的先發打者。現實世界的教士隊該年也表現極佳。我跟他聊了《駭客任務》（*The Matrix*），它是我們會在首映夜去看，然後回家徹夜抽菸解析，把片中一切都跟修辭系專題研討課扯上關係的那種電影。**你有看到第一幕裡的那個布希亞梗嗎？**[4] 這部電影演的是如何忘卻我們與這個世界的既存關係。我們以為是真實生活的，不過是一種恆常幻夢的狀態，而我們的肉身則為那些無從理解起的機

1 《顛覆系譜學：赫曼・梅爾維爾的政治與藝術》（*Subversive Genealogy: The Politics and Art of Herman Melville*）。

2 《塗黑臉，白噪音：好萊塢大熔爐裡的猶太移民》（*Blackface, White Noise Jewish Immigrants in the Hollywood Melting Pot*）。塗黑臉指白人將臉塗黑，進行戲謔並貶低黑人的表演。

3 《隆納・雷根之為電影：及政治惡魔學的其他插曲》（*Ronald Reagan, The Movie: And Other Episodes in Political Demonology*）。隆納・雷根為第四十任美國總統，在位期間為一九八一至八九年。

4 《駭客任務》第一集設定，靈感源自法國哲學家布希亞（Jean Baudrillard, 1929-2007）的著作《擬仿物與擬像》（*Simulacra and Simulation*）。

器提供所需。我記得自己心想，要是讓我來選，我是會選擇現實，還是夢境那膩人的無知？

我想為那個七月夜晚之前所發生過的一切強行安上結構，讓過去成為一種建築，一座容我在其中隨心所欲遊蕩的記憶殿堂。珊米把我們描述成「趁火劫城者」；我偷了這段話以備日後所用。你的意識就像一座城市，你在裡頭拾荒，尋找美好往日的記憶寶藏。或說記憶也許更像是一場火而非一座城，它不可控制、善變無常、具破壞力。

寫作帶來一種活在當下之外的方式，略去當下的質地與緩慢，將當下轉化為語言，你只思考語言而完全不思考當下。一個人還是學生時，時間能以明確的累積加以度量：學期的節奏、暑假的漫長；年復一年，這些時節變得沒那麼無憂無慮，而漸趨緊鑼密鼓。期待感拖著你活過日子：某張大受吹捧的新專輯即將發售、我們下個月應該去看的電影的預告片。你期待著未來，就算你已想像不出那天早晨之後的生活。

偶爾，我因為自己私底下的歇斯底里，而早他人一步地感到羞愧。**我想，寫日記最讓人鬱悶的地方，就在於想起、或明白有一天我會坐在不知何處閱讀這本日記。你想方設法重現某些片刻，但向你襲來的並非再次喚回的情緒，反倒是有感於我從前某刻竟然**

試圖把文風寫得那麼他媽深沉。

某些下午時分，我會重返阿健、班、西恩與我一起取笑右翼人士的美國線上聊天室。但在白天上網感覺很怪。我們存的純保守派人士好友清單，在這樣的時刻大多空無一人；「誠吻鱷」這樣的人才不會在公務時間上聊天室閒晃。少了群眾彼此煽惑，聊天室的熱度降溫許多。我跟線上唯一能找到的人聊上了天，她是個住中西部的中年女子，貌似從來都沒意識到我們是在嘲笑她對自由市場的溫和信念。只有幾名過客進了聊天室，她不過是想聊些普通事、眾人日常生活的模式，而非大家對單一支付者醫療健康系統的個別觀點。他們是寂寞的人，找的是可能成為朋友的隊友。

到了晚上，我會躲進米拉的公寓。我們會在無聲中、有時則在黑暗中坐著，吃著披薩，只有電視打亮我們的臉龐。她每次想買票看表演或建議某部電影時，都會惹我氣到毛髮直豎，同時備好一套說詞說明這些活動為何不酷。我只要沒辦法隨心所欲，就有負面情緒；雖然我不懂「隨心所欲」有什麼意義，因為我完全不想做任何事。

我們的生活彼此交織，以至於我們總是待在一起，這令我感到安心，即便我缺乏明示這一點的餘裕。工作讓我們還有些事能一起討論。我們同為本校亞裔美國人校報《冷硬派》（*Hardboiled*）的編輯。該年度的第一場編務會議，一位組員分享他的報導點子：回顧黃種人權力運動、東灣苗族與瑤族的生活經驗、太平洋前殖民地島嶼的血汗工廠、校園裡的刷碟DJ、亞裔美籍保守派之謎、低底盤改裝Acura車款的顛覆政治、街頭飆車。一位年輕編輯提起有個日裔美籍男生在暑假期間遭人殺害。「或許我們可以深入探討，」她停頓再說，「看看那會不會是一起仇恨犯罪？」**那絕對不是仇恨犯罪**，我說。「我們怎麼能夠確知……」我打斷她的話。**它就不是啊……就只是某些他媽的爛事發生了**。

我假設過阿健之所以成為歹徒目標，是由於他的大學生身分，而不是他的亞裔身分。或許凶手把這兩種身分當成「不具威脅性」的互通說法？但讓我不爽的，主要是我的同事試圖把阿健的死安插進更宏觀的脈絡當中——一種超出我理解與控制的脈絡。我不甘為了某種更遠大的理由而失去他。

十月，帕拉格、西恩與我在他們家看世界大賽（World Series）第一戰。洋基隊（The Yankees）代表美國聯盟（American League）出賽。而聖地牙哥教士隊前一年在國家聯盟（National League）過關斬將，最終晉升分組系列賽贏家，也是他們自一九八四年以來首度參加世界大賽。我疑惑自己是否還保留阿健為我小誌所寫那篇瓦利．喬伊納與他那常敗教士隊魅力所在的文章，那篇是我當時人太蠢才不予刊登的文章。

突然之間，我對更高位力量的一切信念，好像悉數傾注於這場世界大賽的結果。只有寥寥幾個無特定支持球隊的人看好阿健的教士隊。第一場比賽在布朗克斯（Bronx）開打，教士隊以五比二領先，進入第七局下半。阿健一直以來都是對的；教士隊默默打造了一支素質極高的隊伍，即將要迎來成功。

第七局下半洋基隊重振旗鼓，以五比五打平。滿壘，兩人出局，兩好兩壞的提諾．馬丁尼茲（Tino Martinez）就打擊位置。教士隊的馬克．藍斯頓（Mark Langston）投出一記正中直球。壞球。重播有夠該死，裁判根本整個看走眼。

霎時間，帕拉格的電視感覺太過巨大、太過壓迫。攝影鏡頭轉向教士隊休息區，人人臉上堆滿不可置信；然後鏡頭又轉向洋基隊與他們盛勢凌人的支持者，歷史走向透露出這一切早已預先注定。我恨洋基隊粉絲的每一個人。我要他們受苦受難。

帕拉格在他的書櫃上收藏了一罐Zima調酒；那是一座神龕，圍繞著他不再有機會與阿健共飲的那最後一杯而搭建。我看了它一眼。它就像是一枚護符，直到它不再是。馬丁尼茲下一球轟到外野看臺上層。一支滿貫全壘打。

我開玩笑說，那道天意還真的可能存在，只是陰晴不定——或許當時輪到其他鬼魂享受勝利的滋味。教士隊一蹶不振；在那當下我們感覺洋基隊贏得世界大賽勢在難免。或許正義根本不存在，有的只是隨機，而每件被我賦予意義的事情——蒼蠅、收音機上不期然播出的恰當歌曲——都只是巧合。

—

時間推回七月，阿健死後幾天，我們學院美式足球隊的一位助理教練在一場詭異的事故中身亡。風暴即將來襲時，他正與一個朋友一起露營。那位教練被雷劈中了。當友人試圖對他施行心肺復甦術時，他又被雷劈中一次。這些不尋常的悲劇竟然發生在彼此近身之處，還被報導在《每日加州》的相鄰頁面上，讓大學城的小世界看起來如此與世隔絕又令人毛骨悚然。

殺害阿健的歹徒很快被緝拿到案。檢察官一追蹤一連串跨越柏克萊、奧克蘭與里奇蒙的提款機與信用卡交易紀錄，歹徒身分馬上水落石出。歹徒宣稱他們的受害者是隨機挑選的，動機只是搶劫。記者詢問阿健父親意見時，他說他認為自己的兒子「是位英雄。我會這麼說，是因為他或許冥冥之中用他的命來換了別人的命」。

如果我在那場派對留下來呢？一道在我腦海裡翻來覆去的疑問。我能夠讓事情有所不同嗎，還是說這一切都是冥冥之中注定要發生？

我從來不去猜歹徒為什麼犯下凶行。那超出我的理解限度。某天，本校籃球隊明星走過中庭，他當時行經一場捍衛族群研究的校園抗議活動。一位《每日加州》記者發現了他，就問了他的感想。那位籃球員不知道他們在抗議什麼，但表示對他們的奮鬥有所同感。「事情有時就是這個樣子搞得他媽糟。」他說得含糊籠統，而那句話成為我在日記裡一而再、再而三地寫到的世界觀。就那麼單純。**事情有時就是這個樣子搞得他媽糟**。

怨天尤人好像是什麼成人世界流程上的一環。然而，我記得自己那年接下來都深深栽進報紙上最血腥的報導。我想領教人性最醜惡的一面，了解更大規模的殘忍與喪失。那年夏天稍早，一位四十九歲的非裔美籍男子，名叫小詹姆斯・拜爾德（James Byrd Jr.），在德州東部小鎮賈斯珀（Jasper）用完晚餐走路回家。三個坐在皮卡上的男人停車到他身旁。拜爾德認識司機，名叫蕭恩・貝瑞（Shawn Berry）的年輕白人男性，他想送拜爾德一程回家。拜爾德並不認得其他兩個人。

貝瑞把眾人載往樹林，他的朋友約翰・威廉・金（John William King）與勞倫斯・布魯爾（Lawrence Brewer）就在那裡痛毆拜爾德，朝他臉上噴漆，最後把他綁在卡車後方拖行。根據驗屍報告，拜爾德被他們拖行穿越一塊平地時尚有意識，最後死於過程當中。他們把拜爾德的屍體放在教堂門口，接著就去烤肉了。他們三人都在幾天內被逮捕。金與布魯爾熱衷參加白人至上主義團體，但大家都納悶為什麼貝瑞也參了一腳；他看起來就像正經孩子，在當地電影院有一份打工。後來，賈斯珀居民都說，沒人料到會有這種事情發生。

同年秋天，柏克萊大學部學生小大衛・喀許（David Cash Jr.）涉及一起重大校園爭議：他目睹友人傑瑞米．史綽梅爾（Jeremy Strohmeyer）對七歲的非裔美籍女孩雪瑞絲．艾佛森（Sherrice Iverson）施暴。當時是一九九七年，他與史綽梅爾都還在上高中。喀許與史綽梅爾當時人在內華達州的一間賭場，史綽梅爾尾隨艾佛森進入廁所。據稱當喀許進廁所撞見他們時，史綽梅爾正在猥褻那女孩。喀許宣稱自己曾要求史綽梅爾住手，但隨事情越演越烈，他便離開現場。史綽梅爾把艾佛森勒死，把她的屍體遺棄在廁所裡。

史綽梅爾被判有罪，卻找不到任何罪名能用來起訴喀許。根據法律條文，他並非殺害艾佛森的幫凶；他不過是名「壞撒瑪利亞人」[5]。這就是他之所以到頭來還是能跟其他人一起上柏克萊的原因。校方無權撤銷他的入學申請，雖則校園抗議人士與連署都要求將他開除。讓他的同學感到心神不寧的，不只是他的不作為，更是他的無動於衷。喀許說他對發生過的事件並不感到自責。事實上，他本人還曾經表示，希望能把自己的故事賣給媒體致富。他要怎麼能對一個不認識的人感到過意不去——哪怕是艾佛森，或如

5 《路加福音》第十章第二十五至三十七節（10:25-37）記載耶穌講述「好撒瑪利亞人」不顧隔閡舊恨，救助當時敵對的猶太人。依此進而衍生出無視有能助人卻見死不救的「壞撒瑪利亞人」。

他所言，「住巴拿馬或非洲的人」？新聞節目《六十分鐘》（*60 Minutes*）一位訪問者問喀許，他是否對那天晚上的任何事情感到後悔？「我不覺得有多少我可以做得不一樣的地方。」他說。

一九九八年十月，二十一歲大學生馬修・薛帕德（Matthew Shepard）在懷俄明州拉勒米市（Laramie）被他在酒吧認識的兩個男人殘忍殺害。他們表示願意載薛帕德一程回家，結果卻是把他載到荒郊野外，將他綁在帶刺鐵絲網上施以酷刑。當警調人員抵達現場，薛帕德還活著，但陷入昏迷；他的臉上沾滿血跡，唯有雙眼下兩條淚痕倖免。殺人凶手幾個小時後就被逮捕歸案，當時他們正準備與另外兩名男性鬥毆。他們否認對薛帕德施加的凶行與他的性向有任何關聯，雖然其中一名凶手後來試圖假託「同性戀恐慌」為由為自己辯護，將他無法控制的暴怒歸咎於兒時遭受過的虐待，以及他內心深埋的同志特質。

我仔細閱讀過這些悲劇，但它們絲毫沒有帶領我貼近黑暗以一窺究竟。閱讀過程中，我在每個短暫瞬間上逗留不去：在那連續雷殛之前天空看起來是什麼模樣、拜爾德聽到有人要載他回家時可能略過他心頭的安心感受、凌晨四點鐘一間菸霧彌漫的賭場聞起來會是什麼味道。無可避免地，我也會想到阿健的最後幾分鐘。他被鎖進自己的後車廂裡時應該是什麼感覺？他是在痛惜那些遺留在他身後的事物，還是專心思考如何脫身？企圖弄懂這些瞬間在事實既成之後會被如何敘述——無論是在凶手的腦海裡，還是在律師或記者傳述的故事中——都是不可能的。

我向這些故事汲取教訓——風度的各種樣貌，或其反面。我研究親友們的反應，有些人表示憐憫，有些人則忠於更具報復性的正義形式。幾年後，喀許的不作為所引發的爭議，催生出一條新法，迫使內華達州民若目擊弱勢正遭人傷害，則必須主動聯絡當局[6]。哲學課堂漸漸開始教授此案情境，藉此辯論我們身為世界公民對彼此應盡的道德及法律義務；但在當時，那些義務只是你在校園中看到喀許時對他設身處地而生的某種幻想。他執拗地堅稱自己的無辜，透露的卻是邪惡匪夷所思的深邃。

6　內華達州議會第二六七號法案（NV AB267），亦稱「雪瑞絲・艾佛森兒童受害者保護法案」（Sherrice Iverson Child Victim Protection Act）。此法案明定，若目擊十四歲以下兒童正在受暴，需設法通報治安人員。

我提出以美國電影中的種族再現為主題來寫作論文。電影場面的早年歷史，正如羅金教授時常在課堂上提到，是一部種族幻想的故事，從《國家的誕生》（*The Birth of a Nation*）再到《爵士歌手》（*The Jazz Singer*）至於《亂世佳人》（*Gone with the Wind*）都是如此。就美國史上多數時間來說，享有特權的白種人優於其他人種的階序，都有明文立法。而當法定種族隔離結束為許多人帶來機會的同時，白人至上的邏輯依舊，並以隱密、幾乎無形的方式展現出來。種族恐怖依然有時。但在後公民權時代——外加其無視膚色之存在的口號——不再有人相信種族歧視是一種制度性現實。種族歧視正是每一部小型虛構文本所服務的大型虛構文本。

我花很多時間在我的公寓與街尾的百視達之間來回。我不是去租借或觀賞電影的——我這樣對每個特地問起我論文的人如此澄清；我是在考察電影的想像。我分析的是**敘事**，而非劇情。我處於阿健與我已經臻至化境的潛臺詞探勘模式，只是如今我在光天化日之下、當成一種嚴肅的知性追求做這件事，而非在深夜進行。

我追求一種工作忙不完的狀態。九月，柏克萊主辦了一場國際研討會，主題是監獄工業複合體，一個對我們多數人而言是初次學到的概念。安吉拉·戴維斯（Angela

Davis）[7]是研討會主辦人之一。數百名社會運動人士、學者、藝術家，都前來校園探究監獄興建的勃發、警備治安的軍事化、深色人種社群入罪化三者之間的關聯。我自願在鎮上四處張貼傳單。

研討會當天早上，另一位志工哀嘆吐派克可惜不在人世，不然肯定會想參加這樣的場子。我想阿健也是，他總是會來參加我的座談。我負責登記來賓資料，為講者指明他們的休息室位置。最後，我人在一個滿是亞裔美籍左派人士的房間，他們討論的是我們這個族群在此一鬥爭中的角色。某人開始譴責一種叫做「新自由主義」的意識形態，讓我困惑起來，因為我當時不知道這個術語所指為何；我推測這是一種更好、更新版本的自由主義，聽起來沒那麼糟吧。詳盡記載杰・西里彭斯（Jay Siripongs）[8]、菊村憂（Yu Kikumura）[9]、

7 安吉拉・戴維斯（1944-），美國社運人士暨加州大學教授，早年為美國共產黨與黑豹黨領導人物。主要研究領域為女性主義、非裔美籍文化、流行音樂、監禁懲罰體制。

8 西里彭斯參與一合伙殺人搶案，但堅稱自己僅行搶並未殺人，最終仍於聖昆汀州立監獄接受死刑。

9 菊村為前日本赤軍成員，曾於黎巴嫩接受軍事訓練，懂得製作爆裂物。一九八六年美國對利比亞轟炸時，他攜帶爆裂物搭機，計劃於曼哈頓南端幕兵所引爆，於機場被捕。

王健展（David Wong）[10]等亞裔美籍囚犯困境的小冊子被四處傳閱。我開始寫信詢問他們是否願意接受我的小誌採訪。

十一月，我看到一份傳單，上面寫著輔導聖昆汀州立監獄（San Quentin State Prison）收容人教育計畫。青少年我教得不算太好；或許我在成人面前會表現得更好。米拉和我去了一場說明會，填完背景調查，我們就一起乘車前往監所，位置大概在開過里奇蒙青少年中心之後再開十分鐘車程，就位在舊金山灣的另一頭。我們的關係陷入停滯。「我們盡量把握共處的時間吧。」那年冬天她說。

每隔幾週，我會帶十頁解析美國電影想像之敘事套路的論文給羅金看。他鼓勵我申請任何領域的研究所，不要是政治學就好。他建議我申請紐約大學（New York University），那裡便成為我的夢想所在。我口口聲聲嚷著要去紐約，說是我的人生屆時將能真正煥然一新。米拉為我感到興奮，卻從未問過她在我的這步人生決定當中算什麼。

聖昆汀監獄只有三條規則。守衛會在進出口搜查我們的包包，所以我們只能攜帶合乎規則的書籍與紙張。禁止穿藍色衣服；如果誤穿藍色衣物，守衛會發給我們白色工作服——收容人全都穿藍色，而塔衛需要能夠辨識出我們，以防萬一。最後，無論什麼情況，我們都不准在中庭奔跑，同樣是出於塔衛需求考量。只要不犯規，我們能跟學生們握手，聊聊外面的世界，坐得靠近到足以看到他們的牙齒缺損、痘疤、沒刮到的鬍渣。我們能靠在一起輕聲聊美夢與惡夢。

我與學生在傍晚碰面。我分配到修美國政治課的左撇跟尚恩。左撇說話輕聲細語，八字鬍經過精心打理。他有點溫和過頭了。「我只有一個問題想問，」他某天說，「現在的披薩長什麼樣子？」這個社會有想出新的配料、新的形狀嗎？我描述芝心披薩的概念時令他感到驚恐，想到「甜點披薩」更讓他感到抗拒。尚恩精力旺盛，肩膀寬闊。他的金框眼鏡看起來像是變裝道具。他宣稱自己是波士頓地區相當知名的犯罪團體的一員，而我完全沒聽說過。假如我有到那邊去的話，他說，跟他說一聲，他會推薦一些好吃的地方。

我們的教室裡有一張黑板、可挪動的桌子、一部電腦、裝滿參考資料的書櫃。我開

10 王健展自福建偷渡至紐約，為行搶朋友跑腿，途中被捕並起出槍械因而入獄。服刑期間，監所中庭發生殺人案，王健展被監視塔衛一口咬定就是犯人。

始指導一個看起來總是有點恍神的波多黎各人，名叫吉米。他想念他的女兒，希望自己人在哪都好，就是別被關在這裡。

吉米常跟我說他一九七〇年代在洛杉磯長大的故事。有一次，他還是青少年時，偷偷摸進好萊塢某間錄音室。他撞見當時在灌錄《生命之鑰》（*Songs in the Key of Life*）的史提夫．汪達（Stevie Wonder）。因為我跟他說我常常泡唱片行，那段翻攪上來的回憶帶他回到從前。吉米叫我去找這張唱片。很多事情要在發生後才能知曉其意義。但我還沒準備好接受美好的音樂。**或許和聲這個概念就是不對勁**，我對阿健寫，一邊重述吉米跟我說過的話。**對稱與優美在這些日子以來傷我更深**。

後來，我開始指導越南麥可——用來與另一個黑人麥可做出區分的暱稱——以及艾迪。艾迪是華裔美國人。我看不出來他是我的同輩還是長我十歲。他有銳利的顴骨和能看穿謊言的眼神，壯碩身形需要把多數空閒時間都拿來做伏地挺身方能練就。他寡言而有禮。

沒人會聊他們是做了什麼才會淪落到這裡，你也永遠不該問。艾迪只是跟我說他做了些後悔莫及的事，如今他努力贖罪。他們家剛從中國來到美國時，他父親在漢堡王工作。「他只需要知道三件事，」艾迪說，「萵苣、起司、美乃滋。」艾迪當年忙著跟朋友四處浪蕩，活出他的周潤發黑幫夢。那晚，我把艾迪跟我分享的一些故事寫給阿健看：**他進聖昆汀以前從沒跟他爸說過愛他，他也不曾從他爸那裡聽過。然而直至身陷囹圄後他才意識到：（這段他換成用中文說）他爸隨時會死**。

你總是無從預料聖昆汀的每個晚上會如何發展。有時候，我們一抵達就被遣送回家——監獄封鎖了，課程取消了。有時候，我們到場了，學生們還需要多花幾分鐘適應我們的存在，因為他們晚餐時發生了一些狀況；除了簡單的寒暄之外，你不該再問得更深。尷尬時刻提醒著我們彼此相逢的脈絡。他們跟他們所犯過最滔天的大罪一樣壞嗎？一堂有關政治建制的閱讀，能演變為一場有關他們過去為人的奇異白日夢。「我晚上研究建築，」某個學生告訴我，「我喜歡嗑藥嗑到嗨。呼點安，就那麼坐著觀賞大樓。公車就是我們的世界。車窗、尿液、嘔吐物，我們怎麼會那麼隨意使用這種為了幫助我們而存在的東西。」

每晚最後，我們會在一處中庭集合道別。場面很平和。我們學生的深藍色制服消融於夜色中。我對艾迪說中文，而他用英語回答。在教室裡可以這麼做，他悄聲說，但在外面說守衛聽不懂的語言會讓他們不舒服。

我感到安穩——我好一陣子沒有這種感覺了。我在自家陽臺抽菸時，抬頭仰望天空，想到那天晚上更後來的天空看起來會是什麼樣子。**我嚇到了**，我寫給阿健。我感覺自己的世界不再筆直前行。**唯一還在前行的**，我繼續寫著，**發生在紙上，在於字與句的累積、在於段落集結成頁。或許硬碟容量總有一天會不足。**

——

那年十二月，又是玩場祕密非教派冬季佳節贈禮遊戲的時候，我們一致贊成合資寄些禮物給阿健的家人。豪華乳酪蛋糕——阿健最愛的甜點。

米拉在洛杉磯家中過節。她跟我說，她不確定我們的關係還撐不撐得下去。她不再快樂了。我懇求她再多考慮幾天，引述我們曾經共度的一切酸甜苦辣。我又快樂過嗎？不好說。我們同意幾週後回到學校再更努力試試。

阿健在那年聖誕夜應該要過二十一歲生日。他總是埋怨自己的生日永遠感覺不特別，因為每個人不管怎樣都在慶祝。我寒假回庫比蒂諾過。我開車去一處當地公園抽根菸，然後到喜互惠超市（Safeway）買一手新堡棕艾爾啤酒以及烤生日蛋糕用的材料。

我夢到了阿健。每當我夢到阿健，夢境總是一閃即逝，短暫到總讓我流著淚醒來。但這一次，我在夢中待得比平常久了一點。**我變了很多，因為……不如說是因為……**我對他說著。但他要我停下，只是露齒笑著。我都懂，他回答。他甚至誘導我承認自己上次出門時，只因為他不在了就使我買下一張珍珠果醬CD。我帶著笑容醒來。

——

有一次我跟艾迪說起那件事。我從來沒在任何意識層次上想過自己會是想在聖昆汀裡找任何——那些殺人犯或許就在這裡的某個角落。艾迪專心聽著，然後搖了搖頭。真遺憾。他提醒我，他和參與這場大學計畫課程的其他男性，大體而言都對自己的過去感到懊悔；但他們的情況並無法套用於這裡的所有人。

我們聽說越多阿健死去那晚的事情，這整件事就更顯全然隨機而未必會發生。殺了他的凶手留下了一連串顯而易見的線索，他們整體的散漫態度讓人備感殘酷。如果我們就是必須失去他，也必須讓他死於某個計畫罪犯的手中、某個值得我們全力痛恨的人物才行。

提審排在四月。阿健的雙親從聖地牙哥上來，我跟阿列克、珊米、葛溫與其他幾個朋友一起前往。我們走進法院大樓，阿列克從不對的門後出現，他站得距離其中一位殺害阿健的凶手只有幾呎遠。他將會把這一刻在他腦海裡重播好幾年，想出各式各樣的手法來滿足一種癡狂的復仇幻想。我們陸續走進法庭，在後排找座位坐下。被告拖著步伐入庭時，看起來心不在焉又了無生機。那個男人身形矮小，頂著疏於打理的爆炸頭；他一直向遠處兩眼放空。他的女友看起來就像幾個星期都沒睡過覺。他們都穿著鬆垮的褐色制服，想到他們竟然有能力奪走一條性命，感覺相當不真實。扣下板機的男人看起來比我還矮。法官以一種官僚的平淡語氣宣讀對他們指控的罪名。整場聽證會只花了幾分鐘，法庭將在幾個月之內再次召開。當地報紙報導，其中一名凶手的親戚在法院外面的停車場對阿健雙親道歉起來。

這場提審與科倫拜校園屠殺（Columbine massacre）[11]發生在同一週。我還記得自己讀了各種相關文章，試讀理解科倫拜凶手為什麼要做出這件事，我追溯他們的腳步，仔細推敲對他們來說究竟是從哪裡開始步步皆錯。那會是電玩、好萊塢、高校霸凌的錯嗎？但我無法明白賦予他們敘事特權的重點何在。我更執著於他們所走的那些絕路。

——

一名記者造訪被控告殺害阿健的凶手住過的社區大樓。我從沒想過要多加了解他們。我直到後來讀了相關文章，才意識到他們與我們年紀不相上下，兩人分別是二十三歲與十九歲。阿列克跟我在猜他們會不會被判死刑——我又是否依然反對死刑。我在我的日記中猜想，死亡是否會比**明白外面的世界繼續運轉還要慘**。

當記者向社區大樓的鄰居問起那對情侶的事，很多人表示驚訝。他們承租那戶的房東記得這名年輕男子喜歡饒舌音樂，星期天還上教堂。他計劃去上技術學院，並且會說

11 一九九九年，在美國科羅拉多州，兩名高中生攜帶槍械彈藥在科倫拜高中校園中進行攻擊，造成十三死二十四傷，而兩人隨後當場自殺。

服社區居民，保證搬進他們大樓的絕非「錯誤的人物」。「我跟他每次來往，他都和善有禮，」屋主說明道，「我當時真的滿喜歡他的。」

——

我記得最後幾次造訪聖昆汀的情景之一。那時是春天，紮根合唱團（The Roots）發行《分崩離析》（*Things Fall Apart*）的幾週後。米拉跟我一起開車，雖然她最近跟我分手了。她已經厭倦我那鬱鬱寡歡的負能量、我期待在紐約找到一些未來卻略過她的那副德性。我很難過，儘管我也知道她說得並沒錯。我是一隻水蛭；我需要安慰與穩定，而我報答以無物。沒有戲劇化的背叛，有的只是一段壽終正寢的關係。我們還是會善盡學生報紙與監獄輔導工作的責任，所以我們依然盡力維持朋友關係。

在我們跨過大橋時，一道光輝射穿雲層——監獄看起來七彩斑斕。那是我好幾個月來都想看到的場面——一條暗示著美依然可能的線索。或許那不過就是變化無常的雲朵花樣。但我就是看到了。

幾個星期前，我偷渡了一捲錄音帶合輯進入聖昆汀，並偷偷塞給麥可（黑皮膚的那位），他說他會跟其他人分享。全民公敵組合（Public Enemy）、壞腦子（Bad Brains）、史萊與史東家族合唱團、我最近從阿米巴的爵士區發現的麥斯・羅區（Max Roach）與查爾斯・明格斯（Charles Mingus）的驚濤駭浪之作。麥可跟我說他聽過錄音帶了。他咧嘴一笑。「那實在……」他打住。「那音樂實在**很難**。」我從沒注意到他有雙綠眼睛，或是他微笑時那雀斑臉頰有多柔軟。

我跟我的學生們交換地址。某個溫柔到讓人卸下心防的學生，給了我一粒他從晚餐留下來的薄荷糖，說是我幫助了他感覺重新像個人。艾迪交給我一個信封，上面用拙劣的草體寫著我的名字。信封裡面有一條用綠色與黃色小珠子串成的手鍊，是他親手為我製作的。

「沒你在身邊有點難熬。」（It's kinda hard with you not around.）這是摘自〈我將思念你〉（I'll Be Missing You）的歌詞，這首歌由吹牛老爹（Puff Daddy）、菲絲・依凡絲（Faith Evans）與112合唱團在一九九七年發行，向該年稍早在洛杉磯一處十字路口被槍殺的聲名狼藉先生（Notorious B.I.G）致敬。我一直自己重播這首歌。吹牛老爹就是光鮮亮麗與浮俗淺薄的體現，而那首歌既老套又讓人窒息——但正是這點吸引了我。那奇怪的語助詞「有點」、那委婉的「沒在身邊」。那要唱不唱的唱腔與口齒不清的饒舌。如此誇大至於大過生命本身的吹牛老爹，變得有血有肉。菲絲認識大個子（Biggie）[12]不為吹牛老爹所知的一面，試圖揚昇到所有聲音之上。這些元素使得這首歌宛如是為我量身訂做的，雖然很顯然並不是。我只想聽這樣的歌，而嘻哈音樂恰好到處都有密謀算計、互相讚美扶持、攜手征服世界、為彼此分擔沉重的朋友。

〈我將思念你〉觸發在我腦中翻攪不已的一系列問題與場景。吹牛老爹會真如在歌曲宣稱的那樣，願意放棄一切換回大個子嗎？代表另一個人，並帶上那人與你一起冒險是什麼意思？那人終有一天會被替換成你為了向他致敬而創造出來的那個人物嗎？或許他只是想把大個子留在他身邊，直到他開始懂得如何好好哀悼他。把他留在身邊，當作一段還活著的記憶，直到他準備好繼續前行，隻身一人。唱那首歌比較不在於喚回亡者，而更在於跟著回聲一起歌唱。

羅金教授對我的論文感到滿意，或許是因為通篇都在設法模仿他的風格。罕見的並列、狂亂的語韻、修辭上的虛晃一招、永世不得超生的結論。他讓我學會與文化保持一種不一樣的關係。我對遙遠的過去從來沒有興趣。但現在我承認，你可以按照自己的目的來利用歷史。我的論文基本上是一系列長篇影評，檢視近期電影，諸如《單挑》（*He Got Game*）、《尖峰時刻》（*Rush Hour*）或《煙信》（*Smoke Signals*）如何處理種族。儘管種族宰制仍舊無從逃脫，這些電影在你自己的想像當中、在你的意志的力量當中、在友誼的救贖與共同的奮鬥當中，搭起一處又一處的避難地。這篇論文是一種逃避，也是一種致敬，一種延伸一系列未完對話的方式。我所做的這一切，只是為了找個理由寫出我的致謝詞。我向阿健道謝，而我還記得打出他的全名時，感覺就像他重返人間。我猜那部尚未完成的電影《巴瑞．戈第之撲朔迷離》，某天將會實現我論文中的許多評論洞見。

我今天其實很開心，那年春季學期我在日記中寫著。**我是說，開心到爆——那種無憂無慮的暈頭轉向帶來的飄然感覺**。我喜樂的原動力是一場打得俐落漂亮的加州棒球賽。**我真希望你能讀到這本日記**。**我不在乎你是否會看透我這個人**，我寫著，對一張滿布缺憾與不安的列表袒露心聲。**只要你能看見我**。

12 菲絲是聲名狼藉先生的遺孀，而大個子是聲名狼藉先生另一為人所知的暱稱。

我在舊金山某間唱片行裡，那天距阿健過世正好一年。老闆在整理新到貨的唱片，當時他很酷地兀自發笑，舉起一張《龍拳小子》原聲帶。「記得這個嗎？」

我打量他的臉色，以得到一絲善意的線索。那不是一張罕見唱片，儘管我之前也從來沒看過。我只是盯著他看，等著聽見阿健笑聲。「這是一部八〇年代的電影。」他一邊說明一邊貼上標價，再推回櫃子裡。**我知道**，我終於開口，並試圖解釋在這麼特別的日子看到這張黑膠唱片感覺有多詭異。我跟他說起我的朋友、我們熬夜看《龍拳小子》那次、我們對於李羅伊小龍闡明了種族、美國與我們自身的奧祕之深信不疑。**我一直在找**……我正繼續開口，他就把那張唱片放進我的結帳商品堆裡，說我可以免費帶走。

當天晚上，我熬夜製作一期小誌直至天亮。「正值此時此刻的一年前，我剛離開一場銳舞派對，人在返家途中。」我在第一頁寫著。這期小誌內容有唱片評論以及談身分認同的簡短妙語、一篇艾迪寫聖昆汀生活的散文，以及一篇我課堂報告的節錄：關於原住民的贈禮儀式和為塗鴉賦予意義的「延遲互惠性」。我終於還是刊登了阿健寫瓦利・喬伊納與教士隊的文章。在最後一頁我寫起那晚，只要寫到他的名字都加以塗黑。「這還真是我將一直苦苦盼望的窘境。」我寫著，想像著要是我們都跟他去跳搖擺舞的話會發生什麼事。「讓[redacted]笑到翻倒。」

——

接近大四尾聲，我開始跟喬伊約會。有些人在你傷心時鼓舞你，也有些人在你每次傷心時設法與你一起傷心。她的直覺一向是跟著我一起沉淪。

她也是政治學主修生，雖然我們從來沒修過同一門課。她存在於這個世上的方式令我陷入魅惑：她盡可能吸納世界的一切，帶著目的與企圖控制她的舉手投足——我把這點歸因於她的舞蹈背景。她的頭髮茂密捲曲，有如光暈。我想在她當中迷失。

我對喬伊說起阿健的故事時，她都會仔細聆聽；她在校報上讀過來龍去脈，但從未見過他本人。我對她講述阿健的每件無聊瑣事。她對我說她的家人、她家離開韓國後的奮鬥、她身為其中一員的無敵女性家系。她來自聖荷西（San Jose），離我長大的地方不遠。但與我不同的是，她如今已成就的一切都是拚命爭取到手的。她現在也夢想著去紐約念研究所。或許我們最後會一起在那裡生活。

我這一輩子還沒有懷抱如此色欲跟誰廝混過，同時讚嘆色欲狂喜的高峰連同其最黑暗的低谷。我以前也沒嗑過藥。她耐心地指導我怎麼用水菸壺，那之後我就知道她有朝一日能夠成為啟迪人心的傑出教授。我還不知道為他人捲大麻菸能夠傳達如此共情與深刻關懷。她讓我覺得自己好像有能力去理解所有不可能。

喬伊進了紐約大學念研究所，而我沒上。我最後去了哈佛。波士頓一直是阿健的夢想，才不是我的。理論上，我將要學習美國歷史與文學的一切基礎，也就是我一直忽視到大學將近結束的那些玩意。我當時仍舊在忽視那些東西。劍橋不是柏克萊；柏克萊有著一種我如今迫切思念的橙黃色調。我不讀書，而是在網上搜尋死者姓名。我不寫專題報告，而是熬夜到清晨試圖描述一種低音旋律或一種合成器音色（「有如噴射引擎」）；這麼做並非出於我為聲音本身震懾，而是因為我需要精進自己的摹寫技巧。我在哈佛的第一年時間大多用來期待搭車去紐約找喬伊的巴士之旅。

——

我去了一場在威廉斯堡（Williamsburg）舉辦的派對，就在九一一幾週後的某天，當時夜晚的城裡仍舊混合著噁心的煙塵與不顧一切的欣快。珊米搬回紐約，葛漚來作客。我坐在珊米的床上捲著大麻菸，葛漚問我：你跟阿健真的有那麼好嗎？

我們那時還沒茫掉，或許幾分鐘之內這段對話就再也無關緊要。但我因此恐慌起來。我不知道該說什麼。我還記得葛漚在柏克萊最後一年的心痛之深，也記得對我們來說聊點別的事情——以及到最後，任何事情——竟然變得何其困難。說來奇怪，她那年後來還繼續住在拉帕努伊。對葛漚來說，他是「肯尼」。他們共享就年輕男女之間友誼來說很獨一無二的親密。我知道阿健是個貼心又脆弱的人，但她以我未曾可能的方式理解過這些特質。

或許我一直以來記錯了很多事；要不就是一件小事在我腦中重播頻率之高，高到足以凝固成錯以為曾是日常的記憶。我知道她說得不對——我們的友情就在私底下、在陽臺上、在車子裡、在走去找披薩的路上。但我又怎麼能一口咬定？

大家最終都失去意識。我躺在那裡，盯著天花板上裸露管線組成的網絡——還在加州時很難得看到的東西，而在加州的那段生活突然感覺起來像是上古遺事。葛溫所說的話，為我的記憶、為我講述自己故事的能力蒙上一層陰影。或許阿健早就厭倦了我，還曾經向她提起。

——

我的博士班時間大多用來購買舊書和舊唱片、二手衣、老雜誌。我當時被指定閱讀一篇哲學家華特．班雅明（Walter Benjamin）的論文，論藝術作品所散發的靈光（aura）。人對畫作存在這個世界上的獨一無二有所意識，你能將畫作的存在定位於一時一地。你總是意識到畫作的出處，那所指的不僅是畫家之手在多年以前碰過這幅畫，也包含這幅畫多年以來被多次轉手、被一連串的先前藏家品鑑。在我心中留下的是這一部分，而非班雅明認為這一切皆與法西斯主義有所關聯的信念。我想自己在精挑細選老物時，是在邂逅一種含量較低、大概還貶值過的靈光，將我自己與無名的過往聽者或讀者相連。他們是怎麼聽這首曲子的？我檢查唱片溝槽：他們比較常播哪一首歌？為什麼他們的底線劃的是這一句話而非那一句？

我總是在思考過去，追尋他人的回憶與破滅的夢想。檔案研究是我在課業中最愛的面向：在一箱箱的老舊檔案中尋覓，找出能更深入了解某人藝術的方式。我著迷於他人遺留的物品所能道出的種種故事。一份不知名實驗性小說家的個人檔案裡收錄了一本遊艇手冊。這是他的真實夢想，還是藉以諷刺的材料，像是民族誌標本，詳盡記載著普通人所貪求之物？

喬伊跟我覺得研究所令人苦惱。我們不敢相信自己才剛剛踏上一段可能要耗上七、八年的求學之旅。我們能在波士頓與紐約之間不斷往返那麼久嗎？我們為了當下的享樂而活：起司漢堡與威士忌、毒品與性愛、滾得冒泡的辛奇鍋、在人行道上嘔吐、終於在夜店外頭招到一部計程車時那種征服世界的興奮感。我去上學，是因為學校是條駛往未知地平線的待命航線。但她的過去仍舊揮之不去。每當她對我說起家族故事、個人創傷，她總是有所保留。早些時候，她說我永遠不能真正理解她的故事。我們身處新的城市，迷失於新的放蕩，找出通往更高樓頂的路徑，以看見一種不同色調的日出。但我們各自逃避的事情不同。我並沒有把研究生助學金寄回家裡補貼我媽。

進研究所幾個月後，我們在查爾斯河（Charles River）的岸邊吞了搖頭丸——一種嚴肅討論未來的替代方案。也可能取代的是討論現在，起碼也是此時此刻。一開始什麼都沒發生。「這藥沒效（The drugs don't work）。」我說了個笑話，這是我在大學喜歡的神韻合唱團（Verve）的一首歌的歌名。

但接下來我看著查爾斯，它已不再是條河；查爾斯裡沒有水，只有無窮無盡的銀色彈珠以慢動作滾動。我笑了起來，我的身體擴張至宇宙盡頭，每道知覺都逗留不去、迴盪不已；我們的皮膚與劍橋的濕氣之間不再有邊界了。這藥有效。

我不再聽神韻合唱團。他們的音樂總讓我想起一九九七年的秋季學期，當時阿健、西恩、班與我會播著他們的CD，在右翼聊天室裡踢館。但回想起這首歌的歌名，讓我隨即重新咀嚼一句歌詞「袋裡一隻貓／等著溺死」，那總是會讓我想起阿健被困在自己後車廂裡的最後幾分鐘。當場我沉淪於那一刻。我嚼口香糖的速度越來越快，試著直視太陽把思緒一掃而空。

我們走回我的房間。有好一陣子，我們安靜地躺在我的雙人床上，動彈不得。室內跟著每次呼吸一起搏動。她起身走向我床邊僅僅幾呎之外的音響，但她看起來好像花了一小時才終於走到那裡。她翻閱我的CD。隨便妳選，我說，拜託別放〈這藥沒效〉就好。我現在消受不起。她從房間另一頭看著我，然後往下看著她在CD上的倒影。當她按下播放，她再看了我一眼，眼神哀怨冷漠，好像她也無可奈何。

接下來好幾天，我都擺脫不了某種絕望感；而每當某些回憶、歌曲、人物交錯，就足以為我帶來那種感覺，這令我害怕。我一直都相信，低潮只是已付清的代價，就為了能夠再次體驗高潮。然而她拚了命也想像不出我們在一起的未來，就連那種造就出我、能夠達到順從中產階級目標的未來都沒有辦法。我們有一本共用日記，每回見面就在我們手中交換；我們對紙頁託付我們最深沉的憂愁與恐懼，寫下我們覺得難以啟齒的事，交織我們各自的傷心理由，徒然地設法一起寫出共同的故事，直到這麼做不再可能為止。

深夜，每當我需要從課業分神，就會去盤點裝著各式各樣阿健相關物品的防撞信封袋內容。一包剩下兩根菸的Export A。葬禮流程手冊。機票航程、登機證、聖地牙哥地圖。寫在餐巾紙上的笑點。幾頁《巴瑞・戈第之撲朔迷離》、一封我寄給阿健爸媽信件的影本、幾捲錄音帶。一張購買一本日記、一件黑色襯衫與一件黑色長褲的收據。

一本愛德華・霍列特・卡爾（Edward Hallett Carr）所著的《何謂歷史》（*What Is History?*）平裝版，書脊上貼著「二手」字樣的貼紙。我們當年在買教科書時，阿健發現了作為另一門課指定讀物的這本書。那本書看起來堪能激盪想法，所以他就順手加入購物車裡。我記得他在那天晚上讀的是這本書，而非他的教授所指派的讀物。他讀到一個段落後把書遞給我：「你會迷上這個的。」我讀了封底的簡介。**裡面是基本概念，對嗎**？我對他說。某次聽人談起黑格爾，我也搪塞了過去。**我們都懂這個了，對嗎**？歷史是我們敘述的故事，而非對現實的完美解釋，我繼續說。你只是必須搞清楚該不該信任說故事的那個人。

他把這本書留在我的公寓裡，以防我哪天想要放下身段去實際讀讀那本書。卡爾在一九六一年出版《何謂歷史》。他出任外交官多年之後才開始追求學術生涯，並在此時發表了一系列頗具影響力的國際關係著作。《何謂歷史》一開始是他在劍橋開授的一系列講座。「我們什麼時候才會設法回答這個問題：何謂歷史？我們的答覆，不論是有意識地或無意識地，都會立刻反映我們的立場。」——連同我們期望看到的未來。卡爾相信，我們必須帶著一種懷疑論觀點來處理歷史學家的文字。過去發生的事實大多無從置疑：哪一天發生了什麼、條約簽署人是哪位、圍城戰開始時是誰身在軍營當中。但將這些事實加以編排的方式，則揭示出「一段現在與過去之間未完的對話」。

我們從這些事實中拼湊出的故事都尚未定論。推動歷史發展的力量、企圖與動機、詭辯與欺瞞——這些大多源於詮釋。「沒有任何檔案告訴我們的事，能夠多於檔案作者的想法——他認為發生過的事、他認為應該發生或將會發生的事、也或許只是他想讓別人認為他是如此認為的事。這些事本來都不具意義，直到歷史學家著手研究並加以破譯。」隨著時間過去，歷史學家的論斷變得越來越像不容置喙的經驗真相。若想了解過去，就必須處理使得過去、現在、未來得以「在歷史無窮長鏈中被相扣為一」的歷史學家自身的牽扯。

當我終於翻開阿健的這本書——一年後，在我波士頓的公寓裡——我才明白他相當仔細地讀過此書，為打動他的段落劃上底線，在空白處記下筆記並寫下回應。

——

那晚後來，精力透支而生的脆弱感發作，我就試著寫下我們過往的相處場景。我努力描述單純的小事，像是他笑聲中那平淡的音調、他在誘導你自相矛盾的前一刻所面露的困惑神情。我無法回想他長得多高，他穿的是德比鞋還是Timberland靴。我越是寫阿健，他就越是像另一個人。

在那天晚上提早離開依舊讓我感覺糟糕透頂。但這些糟糕感受現在又轉移到其他方面，諸如我是否可能在寫的是一部討好敘事者的故事，又是否對每片零碎記憶強行加以美化並安放意圖。意識到自己想把每件事情都梳理出意義——而友情的一般起伏鮮少有加以這種嚴密審查的必要。一種毛骨悚然的羞恥——因為我竟然曾經猜想他在垂死時刻是否想起我們，好像他當時還有任何辦法思考似的；當唯一的真相只是：事情有時就是這個樣子搞得他媽糟。

我在網上搜尋阿健的名字，雖然他在前一年已經停止產出內容，而我們十幾歲時用過的不管什麼網路版本也去日已多。以前，瀏覽器只是目錄，而非層層交疊的知識澱積、偏好設定、被竊取的輸入資料。其魅力在於稍縱即逝、錯綜複雜；那是一張消融的網羅，而非有形的聯結。那是一系列不相連通的蟲洞。

我想找找看還有沒有人在維持他名字的生命。一開始找到的，是當地報紙報導法庭審判的斷簡殘篇，他家當地教會宣布設立向他致敬的獎學金。可是過去的殘絮不斷消失，遭演算法偏好的搜尋結果排擠。越來越多與他同名的人物開始浮現：一位日本的政治學家、一個新創事業的老闆。我們的世代留不下範圍夠廣的足跡。我讀到他父母繼續為柏克萊的校友基金捐錢，儘管他們的兒子永遠沒有機會畢業。阿健倒是變成《每日加州》寫柏克萊暴力事件文章的資料參照點，一種連接一九九〇年代初亨利酒吧人質危機，以及二〇〇八一位工程學生被亂刀殺害的方式。他提供了脈絡。

我沒有搜尋過行凶犯人。但某天晚上，搜尋結果帶我點開一個網站，那個網站是用來讓人抹除駕駛紀錄上的酒駕標記。那裡宛如舊網路的遺跡，頁面充斥填充版面用的假字。那間公司獲得了成千上萬頁的法律文件，並拿來建造一個看起來毫無用處的資料庫。

那個網頁翻印了其中一名凶手提出的訴請。那是我已在腦中放映過無數遍、但未曾從其他觀點看過的故事的另一版本。

在一九九八年七月十八日晚間，文字追述，肯尼斯．I於錢寧富頓街口的拉帕努伊大樓舉辦了一場喬遷派對。

在活動即將於I的住處展開時，一對來自瓦雷霍的年輕情侶搭乘灣區捷運到柏克萊。在捷運站，他們認識了一名大他們約二十歲的男子。年長男子告訴他們就在校園外有場派對舉行。他們步行路過視察，但當時時間尚早，只有寥寥幾人在陽臺上交際。所以三人去看了電影。之後，他們在柏克萊到處探索。兩名男性走在女性前方，女性無法聽到他們的交談內容。

約凌晨三點，他們返回派對地點。年長男性躲在街角，而情侶則在車庫待命。當I走下樓梯，男性便舉槍指著他。他叫I打開自己汽車的後車廂並躲進去。他們把I的鞋拿走。女性開著I那輛停在附近的一九九一年Civic去年長男性等待之處。他從女性那拿走鑰匙並開始駕駛。警察曾一度在他們旁邊停下車，接著又開走。年長男性在路邊停車。他嚇到了，並要求換女性坐駕駛座。幾分鐘後，在女性的男友抱怨她的開車技術之後，兩人又換回來。

他們最後開車抵達柏克萊北方某個倉庫群。兩名男性把I帶出後車廂。他們離開了大約五分鐘。年輕男性把I塞回後車廂，然後他們開車到一處提款機，在那裡提領三百美元。女性等待時，她聽到I摀著嘴的聲音。I問自己是否能拿回鞋子。女性並未予以回應。

之後，他們開到加油站，兩名男性下車說話。年長男性離開。年輕情侶開車到瓦雷霍，他們最後停在約克街（York Street）一處空地。女性看著她的男友把I拖出後車廂。兩人走幾步路進到一條小巷弄時，女性視線看向別處。她聽到兩聲槍響。她男友回來了。

他們駕車離開，對剛剛發生的事情絕口不提。兩人把I的車停在他們公寓前方的草皮上。

一位釣客在早上五點半撞見I的遺體，當時距離他被留在原地等死並沒過那麼久。

那個週日，十九號，那對情侶與幾個朋友去逛商場，他們刷了I的信用卡買下幾件價值千來元美金的物品。他們跟朋友說他們昨晚實在不容易。他們不得不當鴛鴦大盜去搶某人的錢。那個人現在走了，他曾乞求饒他一命。

警方監視年輕情侶的公寓，並在出示搜索票後破獲I的物品與凶器。警方也抓到年長男性。在最初報告的某個段落，警方對被告問起「亞洲孩子」，我花了一陣子才意會到他們講的是阿健。

據報導記載，那名女性在當下乃至幾天之後表現出的悔意極低。當局竊聽她與朋友的電話，她堅稱自己清白，一邊煩惱自己的指甲狀態。她後來宣稱男友當天晚上有些地方不對勁。他一向是個溫和有禮的人。我曾經聽他跟著暴力歌曲一起饒舌，她說道，但他人並不是那樣的。她被自己眼睜睜看著男友所做的一切嚇壞了。女性說他沒吃藥，也沒解釋完整理由。這讓她感到憂慮。她無法判斷他當時到底在想什麼。

——

阿健遇害幾年後，我與阿列克坐在史普羅廣場月光照拂的階梯上，阿列克在柏克萊做酒保。縈繞著我們前程的困惑，有多少是大學畢業後的普遍現象，又有多少是生命被全新規模的恐懼與失敗重新校正的後果？阿列克夜晚下班回家時，背包裡總會帶著一把開山刀。我們往後靠，望進夜空，他說了些感覺相當疲累之類的話。我們那時二十二歲，或許二十三。我在研究所的一次節日假期期間回到灣區。（**將近**）**兩年以後，這件事才開始說得過去**，那晚我寫道，**儘管這件事早已平順地融入我們所做的每件事裡。我們兩人都同意，最難熬的部分會在幾年後、或許十年後才到來**。

愛德華．霍列特．卡爾期許《何謂歷史》將有助於照亮前路。他死於一九八二年，六年後他的曾孫女海倫（Helen）出生。海倫本人也成為一位歷史學家，一生致力於與她的曾祖父藉由「想像的對話」探討歷史研究的本質。

我一直覺得自己好像是跟著阿健一起閱讀《何謂歷史》。我想像我們意見一致的那刻，他的務實世界觀與我的逆風基進主義碰撞。他在我同樣會劃底線的段落劃上底線，而且劃的並非那些明顯的立論陳述，而是卡爾俏皮的岔題，我為此感到開心。其中有些句子感覺起來好像在將不同的平面連接起來。「唯有未來能給予我們詮釋過去的關鍵；也唯有在此意義上，我們方能談論一種極致的歷史客觀性。歷史的理據與闡釋，既同時使未來能藉由過去理解，也使過去能藉由未來理解。」我們分處卡爾想法中的相反兩端：阿健在過去，我在未來。

其中一段劃上底線的句子同時讓我們兩個著迷，寫的是偶發事件在歷史中的功能。「歷史中沒有什麼是無可避免的，例外在於，就形式上而言，若事情要產生出不同後果，則其前因也必須有所不同。」我們考慮過各式各樣的選項，指認出失誤步驟，儘管在現實中這些替代路徑從未開啟。已經發生的事就是已經發生了，而詩意化所有從未發生的事，會將我們的思考帶往其他地方——那不是歷史的領域，而是信仰。信仰無助於我們理解未來，唯有考察過去可以。「作為歷史學家，我做好萬全準備，不藉『必然』、『不免』、『難逃』，甚至是『注定』來思考。生命會因此單調許多，但容我們把這些概念留給詩人與形上學家。」

或許每一件事都不是什麼線索。好一陣子以來，我想知道他們那天晚上看了什麼電影、殺了他的男人最喜歡跟著哪首歌饒舌、當晚柏克萊還有哪些派對在舉行、他們轉動鑰匙發動引擎時阿健車內是否響起任何音樂、他們隔天又買了什麼東西。諸如此類可知而細碎的小事，純粹因為這些小事不太有可能解釋兇手何以行兇的理由。沒有脈絡能使他們的行動變得「必然」或「難免」。

不過，仔細檢閱過去的微小片刻不失為一種抵抗未來的方法。卡爾在本書最後一頁，向他的同行與他們設法將史學轉向為科學的企圖喊話。他所展望到的是「騷亂中的世界與磨難中的世界」。但他不知怎地保持樂觀態度。畢竟除了樂觀也沒有別的辦法。在他的著作中，此生唯一恆常的，是時間不斷經過，以及隨時間經過而來的變遷。「可是，」卡爾引述伽利略名言，注視著我們的世界，「它就是在動啊。」在本書結尾段落下方有另外寫上去的兩個字，我認得那緊密潦草的字體、他糊成一片的鋼珠筆紅色墨水；但阿健不管寫上了什麼，我都一直無法辨讀。

我曾經去諾斯特龍百貨探阿健的班。他以前常告訴我賣童鞋的故事：走進他們店裡形形色色的家庭，他會提防的是哪些類型的人，那種他會以一種令人費解的言簡意賅對付的霸道顧客。

畢業前一刻的兵荒馬亂，畢業後一刻隨之而來的茫然人群歸隊。我不覺得這些人有趣——他們要不太老就是太小——所以我也不覺得那些故事有趣。但我以禮聆聽。

某天我人在舊金山，我告訴阿健我會去找他，我們還可以一起搭灣區捷運回去。出於原則，我從不在百貨公司或大型商場購物。我根本不曉得童鞋區並非就位於成人鞋區隔壁，所以我迷路了。我本來就已經要遲到了，我也沒時間去找公共電話發呼叫器訊息給他。

當我終於找到兒童用品區，我看到鞋子，但沒看到阿健，心想他已經下班回到柏克萊了。不過收銀機前有一家人等著。我當時站的角度，可以看到阿健走出後方庫房，仔細地把一個氣球綁在手指上。當他綁完，他看看繩圈，再看看氣球；氣球就飄在他頭上，安穩地繫在他指尖上，然後他浮起傻傻的笑容。他再次於櫃檯現身，把氣球交給與父母一起等待的小男孩，而那小男孩笑起比他還要更傻的笑容。

然後阿健抬頭，看到了我，又笑了。

你年輕時做的許多事都是希望得到他人關注。你的穿著或你的站姿，音樂播放音量大到足以吸引可能也認得某首歌的另一個人。再來有些事情是你進入充滿陌生成人的世界之後才會做的，為了實驗看看什麼才叫慷慨或者體貼。在那一瞬間，在所有記憶都沿著某條敘事線靠攏之前，在回憶這個行為染上絕望氛圍之前，我純粹因為能目睹善良得如此輕而易舉的事情在眼前發生而感到幸運——看見我的朋友做了一些很善良的事。

——

我在研究所第二年搬進了查爾斯河另一頭的老房子。我室友布萊恩的生日是七月十九日，正是阿健死去的那天，感覺別具意義。我去看了很多籃球賽，希望能瞥見某個在錯誤時間軸縈繞不去的幽魂，一個日裔美籍法學院學生把花生扔過波士頓的混濁空氣。我人一到自己任教的課堂上，會先環顧四周，希望能看到我倆。

有一天，我意識到我博士學程裡的每一個人好像都充分利用了研究生醫療保健計畫提供的一學期免費心理治療。或許，我的一位同學笑稱，是我們研究本質中的某些方面，像是位處不同方法與領域的交叉口，或像是神經兮兮地解構美國神話，使得我們精神狀況也傾向於接受此類分析方法。對我來說，心理治療看起來像是一件大家在東岸會做的事情，而我再度進行了文化同化。於是我預約了一節。

我一直對自己說著同一套故事，我原本以為心理治療師會是某種編輯，為我的狗血自白調校出恰當語氣。我到了健康大樓的一間小辦公室裡。一個女人坐在淡雅灰色辦公桌後方，身後有一個書櫃，感覺經過細心而溫暖的規畫，摻雜著診斷手冊、小飾品與盆栽。她有一頭紅髮與好奇的眼神，並沒比我年長太多。我坐下。「我最好的朋友被人殺了，」我告訴她，「我離開他家去參加銳舞派對，把他留在陽臺上，幾小時後他就死了。」我一邊說著，背包還背在背上。「我應該要留下來的。我應該能做點什麼。」

她請我從頭說起。我講出了我們友情史的縮略版：我在聊天中途離開，這些未完話語為我留下的遺憾，在我第一次跟人上床時我朋友可能處於垂死狀態。我們是最好的朋友嗎？**我不確定，其實**。**或許吧**。**那究竟又代表什麼**？（寫筆記。）我對她說當晚每個人都在那裡，想到殺人犯能看到我們來來去去有多離譜啊。**很離譜，對吧**？（微微點頭。）我猜自己是否在暗地希望他隔天別打電話來的時候，就對他施了詛咒。（寫更多筆記。）

在研究所裡，我以各種不可能想通的事情武裝自己。我研究理論、語言學、解構、真理與語言的「古老硬幣」[1]、再現斷裂的形式挑戰與根本倫理觀、在創傷苦痛的陰霾中創作藝術的野蠻主義。我的世界觀對這一切高深概念深感興趣——起碼是我讀得懂的部分。

你疑惑起自己說的故事是否都是錯的。如果是這個朋友死掉而不是那個朋友死掉，事情會不會感覺有所不同。你賴以維生的是最糟情況的場景：當他們都回家後，應該要打電話告知已到家的某人實際上死了。你上網搜尋如何通報警方：你按下幾個號碼播通最近的警察局。你徹夜未眠、腦袋翻攪，但害怕到不敢將想法寫下。你能夠清晰地回想最後一次看到別人是什麼時候、他們穿著什麼，因為你肯定某些糟糕的事情正要發生。某些糟糕的事情已經發生了。我們總是沒意識到自己早就活在悲劇的險境之中。你不停問的問題是他們的潛力與前途、事情本來可以怎麼發生——就算你的朋友正在你對面坐著。他們的手機只是沒電了。

把話說出口，為腔調添加逗趣轉折，有時候對我來說簡單，但更常讓我感到不可

1 指語言與語言所指涉的真相既為一體兩面又顧此失彼的西洋哲學母題。

能。我不時把一個簡單措辭說得顛三倒四，要不就是注意到某個學生在我講解時視線沒有放在我身上，接著就對自己說出口的話喪盡信心，那天接下來我就只會在家上網或寫電子郵件。

在我把自己描述為阿健之死的共犯時，治療師的眉頭緊皺起來——一種我覺得帶有不必要攻擊性的表情。她的專業義務感使她把視線固定在我身上，從不偏離，以對我所說的話表示負責。

那麼做會有所不同嗎？她問。我留下來或離開真的會有所影響嗎？我可以預防這件事情發生，我說。她打量著我，對我在街頭鬥毆中的勝算做出正確估計。他們難道就不會殺了你們兩個嗎？我不確定。

「你為什麼認為那是你的錯？」她最後問道。我從來沒想過錯可以不在我身上。我們每個人一定都這麼覺得，我說。我很肯定。「你確定你曉得其他人都是這麼想的嗎？」當然。「你是怎麼曉得的？你有問過任何一個人嗎？」我沒有。我假設我們都有一樣的情感，即使這些情感在我們各自的體內以不同方式代謝——憤怒、憎恨，甚至是對極端狂喜的渴求。

我一直都不敢對其他人問起這件事，因為我早已變成被拋在後頭的那個人，並把我的哀悼塑造成新的人格外殼。她說那並不是哀悼，而是我執著不放的罪惡感；而為了這件事背負罪惡感是毫無道理的，不然我當時難道還能做些什麼嗎？罪惡感讓我停留在過去。歹徒可是有三個人外加起碼一把槍。或許是時候對故事的這個部分釋懷了，她建議。

我並不是從來沒想過這件事一樣，但聽到別人把這些話說出口讓我感到很痛快。好幾年來我一直在寫著同樣的句子，畏懼著這些句子隨後會浮現的內容。**心理治療有夠讚**，我心想；我甚至可能脫口而出了。治療實在很有效率。我們在這裡才二十分鐘，我就好了。我們還有十分鐘能說些閒話，所以我問了她的興趣、這一行哪裡吸引她、她其他的患者如何。

晤談結束時，我對她不吝感謝。**很高興認識你**。但你登記了一整學期的療程，她對我說，你下週真的應該再來這裡。我們才剛開始呢。

我猜她之所以想繼續深究，是因為此乃她專業訓練的一環。下週我又回到診間，深怕自己會被追繳診療費。我脫下背包，掛起大衣，猜想這一次我們要花三十分鐘討論的話題可能是什麼。上回晤談的餘韻已經褪去，但我還是感覺很好。我們聊了阿健，她又回到罪惡感的問題上。她不明白為什麼這些情感如此根深蒂固。我有宗教信仰嗎？沒有，我回答，我大概還反對宗教。我的父母有宗教信仰嗎？他們的信仰可能還比我淡薄，宗教是他們少數無法忍受的事物。她的話語開始字斟句酌。

她問起我爸媽。他們對我說過愛我嗎？

沒有，我說，一邊笑得緊張。**我是說，有，他們會。我父母會對我說愛我。我說沒有是因為……不對，他們不是我們在聊的問題**。

她把關於雙親的問題換句話說，我也把我的回答換句話說。

那壓力呢？她好奇。我父母不是移民嗎？他們給了我很多壓力嗎？我的意思是說，畢竟我們現在人在哈佛。

這個嘛，我澄清，**我其實不想來這裡**。**我其實想上的是紐約大學**，**但跟你的問題無關**。**說說而已**。

我的眼神掠過她臉上的深沉憂慮，讀起她辦公室藏書的書背。不少書籍都在探討少數族群學生獨特的心理養成；如何定位移民經驗生成之情緒地景的操作指南；探討世代間衝突與憂鬱症的小書。我提醒她，我人之所以來到這個診間，是有著明確的理由：我朋友死了，而我還在難過。這件事與我的家人無關。

我爸媽很棒，我說。**他們違反刻板印象到了讓人不敢相信的地步**。

——

我媽跟我在我出發去念研究所前的暑假去逛了商場。我們只是到處看看。我看起球鞋，最後發現我媽跟一名白人年長女性相鄰坐在長椅上。我一走近，那名女性就起身離開，對我溫柔微笑，然後回頭看著我媽，祝福她一切都好。**她是誰**？不認識，我媽說。

我們走進美食廣場時，我媽告訴我說她並不認識那個女人，但還是聊了起來。她們聊天氣、聊梅西百貨（Macy's）新開的烘焙坊，聊庫比蒂諾變化多大。我跟我兒子來的，我媽對她說明。他跟他朋友發生了一些相當難過的事情。我媽無法解釋是什麼促使她繼續對這個人說起七月那晚的事。他很難過，我想幫幫他，她說。但不知道該怎麼做。我不知道該怎麼跟他溝通。

她對我說了這一切，而我完全不知道能回答什麼，所以我什麼也沒說。作為孩子，我們研究著父母的英語口音，心想還要花多久時間，這些透露出他們舊人生的口音才能消失得一乾二淨。他們的日常語體可追溯到他們抵達美國的那陣子——我媽是從哪學到在我不正經的時候要說我「花言巧語」（jiving）？我們讚嘆於自己能把英語說得快上許多，並帶有與他們無緣的清晰發音。教他們新的成語好像沒有意義，反正他們總是會用錯。寫作跟口說是我們代表他們學習的技能。但這種技能會將我們帶往何方？

在我進入青春期後，老媽開始把有中文姓名的作者寫的書帶回家：醫生們、發明家們、甚至某位搖滾樂記者的自傳；暢銷書，內容是關於堅忍不拔地熬過戰爭與饑荒的家族、鐵路史、中日戰爭的血腥故事；一本比爾．莫耶斯（Bill Moyers）[2]的訪談錄，因為其中一位與談人是在哈佛教書的華裔美籍儒家思想學者[3]，此人正是中文名字就算跟我很像也同樣可以出現在書上的證據。她靜靜聽著我的種種夢想與擔憂，而她會對我說，我並不是獨自一人；我永遠都不會是孤單一個人。可是在當時，我對這些書毫無共鳴。我相信自己跟這些人物與他們的故事毫無共通點。

移民善用資源的智慧，講究的是窮盡所有可能性。你或許精通了時態與句式、文法規則，深知說什麼話會被當成什麼人。然而，可想而知，你或許會難以跟祖父母維持話題不斷；他們很可能還暗中希望這種事情發生——一種測量世代進步的指標。孩子會學到如何為自己發聲，但也學會如何頂嘴。你的寫作不錯，但不至於好。用功的學生同樣內化了他們與語言本身的關係；在那種關係當中，你始終意識到自己和根源之間的距離，以及與必須仰賴這種語言來探勘本真自我那人之間的距離，只因為有人要你相信這件事很重要。「我」或「我們」這樣的簡單代名詞，第一人稱，全都顯得神祕無比。我們從來不能用一種預設有誰知道我們從哪裡來的方式寫作。我們的生命脈絡沒什麼有趣的。既非黑人也非白人，就只是讓外界的每個人感到無聊。你到底還能從哪開始說明你自己？

2 比爾·莫耶斯（1934-）美國記者、政治評論家，曾任白宮新聞秘書與外交關係委員會主任。

3 此人為杜維明（Tu Weiming, 1940-），哈佛大學東亞系教授，以中國儒家傳統的現代轉化為中心，借鑒文化人類學、比較宗教學等跨學科的研究方法，闡發儒家思想的現代意義，被稱為當代新儒家的代表人物。

我當時沒意識到的是，治療師並非想要詆毀亞裔移民父母吹毛求疵的本能。她在問的是，我何以成為當天坐在她面前的那個人。我只是看見她書櫃上的書，就預設她在設法擷取一些能佐證她個案研究的故事。但那些問題比較不是問我如何被教養長大，而是問我雙親是怎樣的人、他們想像得到的是什麼樣的未來、是誰教育了他們？或許他們的父母也認為他們最好刻苦勤勉，避免惹事生非。

她在問的是：何謂歷史？你在歷史中照見自己了嗎？你從哪裡找到人生在世的榜樣？你是怎麼學會愛與榮譽與惋惜與尊嚴與同情與犧牲奉獻？她在找的是轉捩點。或許是一種情感、一種對生命的態度、一種對特定笑聲音色與你聆聽時歪頭角度的情有獨鍾——一切透過血統傳承下來而難以察覺的特質。你夢想的形狀與大小。

自主流放到東岸以後，我與柏克萊的朋友漸行漸遠。我越來越不常寫信給阿健的父母，恥於自己朝他們拋了那麼多我自己的悲傷，好像他們自己的悲傷還不夠似的。我對我的哀傷有所自覺，而且我不懂該怎麼當一個好的、當下的朋友。

每當我把舊東西從信封倒出、分類、拾起，都是為了讓我回想起某種情感，以便回歸某種舊的呼吸韻律。但某天，我抽出一些影印文件，最上方寫著《巴瑞．戈第之撲朔迷離》——我們從《龍拳小子》尋獲啟發之後寫的劇本。我發現這份文件的頁數比我記得的還多。阿健給我很多筆記的影本，而把正本保存在他的筆記裡頭。我從來沒有實際讀過。

劇情相當簡單，一個男孩對一位女孩的癡心一片，有各式各樣必須克服的誤解與磨難，使他最終能看清自己。我不記得男孩最後有沒有得到那女孩的芳心。但我記得自己曾經心想，為這部電影奔波不過是給大家一個聚在一起的藉口，一種擴散我們私房笑話的方法。我們才不會真的去找個有攝影機的人過來。

可能的替代片名：《魯蛇俱樂部》（*The Losers Club*）。核心人物是戴夫（「被誤解男」）、帕拉格（「頭目」）、詹姆斯（「有穩定女友」）、阿健，以及我。阿健寫出電影所關懷的主題：「女生」、「朋友」、「父母」。我還記得那一刻，他意識到自己對世界抱持的期待、想擁有歸屬的渴望、對騎士精神與努力打拚的信念，全都來自我們小時候看過的情境喜劇。裡面有一份清單記錄我們能記得的每部電視節目，有一些旁邊畫著箭頭，箭頭全指向「白人至上」一詞。在我們的電影裡，男孩之所以一敗塗地，是由於他內化了從電視上學的教訓，預設每一個人終能迎來幸福結局。他依照電視上的角色塑造自己的行為，而使他對自己的真正本質一無所知。在空白處，阿健隨筆寫下一段哲學陳述，涉及亞裔美籍身分的妙語以及觀察；《龍拳小子》的摘句——我們的經典文本；他那關於我們如何學習成為本真自我的宏大理論。我們該從哪裡為我們的美國未來尋找榜樣？

出於某些理由，他把男孩的角色分派給我。開場時，詹姆斯與我走過校園鐘塔「大鐘樓」（Campanile），我跟他說起一個暗戀對象。詹姆斯認識她，他說他會介紹我們認識，因為我缺乏必備的社交常識，無法獨力推動事情進行。女孩果然出現了，我自顧自地對她說話，但我的背包背帶被桌腳卡住，讓我摔到地上。接著一陣尷尬。阿健寫的對白借自我們的談話：「世界上才沒有肉體上的吸引力這種東西。」這句話白紙黑字看起來有夠荒唐。片中有一個派對場景，我的暗戀對象此時在我的大腿上嘔吐，接著劇情岔出去講些有關「大眾文化」與尼采的〈論非道德意義下的真理與謊言〉（On Truth and Lies in a Nonmoral Sense）的題外話。

我已經忘了你大費周章寫了這麼多東西。我忘了你的字可以寫得那麼小，忘了你寫的C總是看起來想要吞噬其後的每個字母。但我絕對還記得自己看著你在易撕筆記本上寫下這一切，也記得自己在發現你在用文字描述我，那感覺有多奇怪——你注意到的小動作跟怪癖，你是怎麼把我的祕密與藏在尖酸挖苦下的懇切分離出來，並將視之為我這個人身上值得一顧的本真性。我也還記得自己想要變得更接近紙上所描寫的這號人物。

劇本大約一半之處，事態詭異起來。一串罐頭笑聲響起。有拙劣模仿的蒙太奇運鏡，也有荒謬鬧劇的時刻。一場晚餐約會朝向最容易預測的方向走樣。我裝出了混帳人格，因為有個朋友告訴我那才是每個女孩背地裡想要的。我應了門，打扮就像我稍早才嘲笑過的白人男生：夏威夷襯衫跟Reef夾腳拖。〈闖進我心〉響起。我為約會對象擺出一頓外帶餐點，還假裝是我親手做的。不知怎地我竟然讓廚房著火了，然後就在我們滅火時，我嘲笑了她的擔憂。我的一生至愛決定回家。「這才不是在演情境喜劇，」她說，接著是一段預錄的錄影棚觀眾唏噓：「喔——可憐啊。」

然後換你登場。我們在咖啡廳讀書。你是那個很酷的疑心配角（絕對是你的主意）。你是那個隨時準備好抖出某些晦澀典故的人。

你展開了一段獨白，講起我們是如何被社會化。我們是從哪裡認識到美國夢的？我們有哪些榜樣能效仿？你言之鑿鑿地談論張德培[4]所代表的意義。我們從書籍還是電影還是電視學到的教訓，是否適用於有著亞裔父母的亞裔小孩生活？還是說這些媒體讓我們覺得自己不配？要不然我們為什麼老是在用功讀書、證明自己的才智、努力達到他人的標準？或許一切都是陷阱。為什麼我們在周遭盡是陷阱時，還要向外求援？我們不是沒有文化的人，只是必須自己創造出文化。

這些都曾是我們的對話。你試圖解釋我們來自何方。我們怎麼學到什麼叫酷或正常，又是怎麼對別人展現這些姿態。我們對父母的孺慕之情有多深，只是他們能教導我們的有限。我們有了彼此，誰還需要模範榜樣？我當時並不明白你在寫作的是一部關於我們人生的電影。我不記得劇本是否並不只有這幾頁，還是我們一起放棄創作了，還是你背著我獨自繼續寫作。或許你曾繼續做夢。

你描寫的是我們還沒認識的人——或許是我們自己將會成為的人。你找出一個容器盛裝我們所有的笑話、我們看過和做過的一切傻事，好讓我們永遠不會忘記。

或許我會去紐約，而不是來波士頓。也或許我會去波士頓，而我們終於能住在一起。或許我們分道揚鑣只是時間早晚問題。我們會繼續活下去，而每當在電影中、或收音機裡、或能向我們傳遞美感但我們還無從預見的某個科技產物上，某首歌曲唱起，我們就會想起彼此。我或許永遠不會有理由來記得這一切。或許我根本不會開始寫作。這幾年來的誘惑來自於漸進線有可能在某天與曲線相遇。起初意識到自己可能永遠無法強行建立連結，令我感覺悲慘；後來，當去想像那直線與曲線可以永遠保持相同狀態，卻讓我感覺欣慰。兩條線將朝同一方向前進，即便它們永遠不可能觸碰到彼此。

或許，在這些我說給自己聽的故事版本裡，我唯一會寫的東西，是在教士隊輸球後寄給你的電子郵件。我們有一模一樣的信件結尾詞：**Stay true，保持真誠**。孕育出這句短語的笑話已不可考，但搭配這句話的複雜花式握手我還記得。「對人生保持真誠」，

---

4 知名退休華裔美籍網球選手，至今仍是史上最年輕暨唯一亞裔大滿貫網球男子單打冠軍之紀錄保持者。

後來被縮略為「保持真誠」。對你自己保持真誠。對你曾經可能成為的那人保持真誠。

——

在那學期免費心理治療的尾聲，我厭倦了聊自己的事。我厭倦了我自己。每週我都盡本分地到場，只因為我應該如此，並對自己上一週說的任何內容提起上訴。重述那晚的細節，祛除了那晚的神祕，起碼是就我牽涉的部分而言；更精確來說，是就我沒牽涉的部分而言，因為事情怎麼可能演變出不一樣的結果？那不過是歷史學家試圖將自己安插進一部不屬於他的故事。

說了這麼多故事，絲毫無損我思念你的事實，而我如今可以把那份感情劃入不同的斷代。**我想念在九八年十月左右想念著你**，我在日記上寫。**我想念背後有人守望，我想念在深夜外出覓食，我想念你的陽臺以及跟你一起培養嚼菸草的習慣**。

我想念曾經明確知道該說什麼的那種感覺。寫出一連串完美句子的那種感覺。某種意義上，多年過去，我還在步下殯儀館的講臺，緩慢靠回教堂長椅上的座位，在安東尼與西恩之間坐下。但這正是德希達之所以抗拒悼文體裁的理由：悼文總是關於「我」而非「我們」，講者是在為他自己的情緒樹立憑據，而非交代關於逝者的真實記敘。

那份真實記敘必然是歡樂的而不是陰鬱的，屈服於歡樂並不代表我拋棄了你。那會是對友誼如何開始的讚頌，而非奔向完結篇的歷時紀錄；是對初嚐那口酒的致敬，而非緊隨在後的天旋地轉。那會記述著愛與責任，而不只是憤怒與憎恨，而且那會充滿夢想、還有曾經展望未來的回憶、還有對重新做夢的渴望。那會很無聊，只因為你必須一直留在原地。那會是詩歌而非歷史。

我們的晤談來到尾聲。我對治療師說她幫了我很多忙。有機會聽見自己在一間毫不起眼的辦公大樓裡把這些事情說出聲來，讓我覺得十分可笑。我是個自私自利成傳奇的人。我是總在麻煩的徵兆一浮現就拔腿開溜的那個人。我還能做什麼呢？但她為我重新擺放我腦海中的陳設。我知道現在自己需要做什麼了，我對她說。我需要想出方法來描述法蘭絨上二手菸的氣味、酒後早晨的鬆餅附新鮮草莓與細砂糖的滋味、陽光灑落出的一種特定的金棕色調、你對一首如今使你情緒潰堤的歌曲曾經懷有的深刻矛盾、一雙舊靴子從全新穿成破舊的那道門檻何在、我們的期末週錄音帶合輯播到磁帶末尾時的嘶哮噪音。哪些隱喻可用，哪些則否；哪些該加以說明，哪些則保持祕密。有人認出你時的那副表情。

我終有一日會寫下這一切，我對她這麼說，而她對我回以微笑。

Stay True.

致謝

獻給石田（Ishida）一家。獻給安東尼（Anthony）、葛溫（Gwen）與珊米（Sammy）；帕拉格（Paraag）、西恩（Sean）與戴夫（Dave）；戴瑞克（Derrick）、查爾斯（Charles）、喬（Joe），以及ΣAM兄弟會（Sigma Alpha Mu）的兄弟情誼；BMP、米拉（Mira）、阿列克（Alec）與小桃（Momo）。感謝你們每一位的聆聽，感謝你們已說與未說的一切。獻給伊拉米（Irami）；班（Ben）與東尼（Tony）；小珍（Jen）與蘿莎（Rosa）；亨利（Henry）、祖賓（Zubin）、葛瑞絲（Grace）、凱西（Kathy）與克拉斯利（Crosley）。感謝奈特（Nate）、艾立克（Eric）與《唐人街》（*Chinatown*）、詹姆斯（James）、奇娃（Kiwa）、蘇西（Susie）、烏蘇里（Ussuri）與艾莉西雅（Alicia）；瑞（Ray）與賽斯（Seth）；艾迪（Eddy）與聖昆汀的學生們；伯尼斯（Bernice）、DHY與哈里什（Harish）；羅金；亞裔青少年

計畫（AYP）、里奇蒙青少年計畫（RYP）、REACH!、戴維斯小誌組員與攝政樓（Regent House）、《偏頗》（*Slant*）與《冷硬派》（*Hardboiled*）的工作人員。

愷如（Carol）對我展現了一幅平靜的未來願景，徐佳（Zeke）是前進未來的理由。感謝永遠不會讀到這段的薇拉（Willa）。我對家人的愛溢於言表。

本書講述的是如何當一位好友，這個詞只有偶爾適用於我。下列人物是，或者說一直都是我的好朋友，我感謝他們的同志情誼、信念與耐心：饒舌歌手PLO、O-Dub、Jazzbo、瓊（Jon）、Rondohat與禪（Zen）；愛德（Ed）；毛家人（the Maos）；索妮亞（Sonjia）；莎拉米夏（Salamishah）、青妮（Chinnie）與李奇（Rich）；克里斯（Kris）與莎拉（Sarah）；艾米（Ami）；科比（Kirby）、肯（Ken）與赫伯（Herb）；喬許（Josh）與沙菈（Sarah）；彼優特（Piotr）與凱特（Kate）；威靈（Willing）、哈格倫（Haglund）、瑞姆尼克（Remnick）與華勒斯－威爾斯（Wallace-Wells）。莎夏（Sasha）、瑞秋（Rachel〔LP〕）、比爾．H（Bill H.）、杰（Jay）、蘇赫德夫（Sukhdev）、朱利安（Julian）、羅斯（Ross）、保羅（Paul）與勞倫（Lauren）在某些我曾不曉得即將發生的事到來之時，為我指引方向。敬向美國研究／美國文明研究（AMST/AMCIV）、URB雜誌的massv專欄、永遠的的期刊《Soundings》、永遠的亞裔美籍作家工作坊（AAWW）。與以下人士的對談為我消解心中謎團：基斯（Kiese）；史考特・S（Scott S.）；米區（Mitch）、艾瑞克（Eric）與珊娜（Sana）；申惠（Shinhee）；約翰（John）又名Grand Puba；Cool Chris；麥奇（Mikey）；阿曼達（Amanda）；Sake One與海瑟（Heather）。感謝每一位指導過我的學生。

二十多年來我不斷寫下這些文字。但要直到我的經紀人克里斯（Chris）將這些字句當成一本書來看待，它們才得以成書。對此我感懷在心。也感謝莎拉（Sarah）與葛納特圖書經紀公司（The Gernert Company）的全體同仁。若非紐約公共表演藝術圖書館（Cullman Center at the New York Public Library）的支援與隔離，我將永遠無法終於把一切付諸紙面。雙日出版社（Doubleday）的湯瑪斯（Thomas），他的名字完全值得永垂不朽。我有幸能與如今成為密友的人共事。他的神來一筆是把奧立佛（Oliver）帶進團隊，奧立佛的設計使我對自己故事有了新的認識。感謝喬安娜（Johanna）、艾蓮納（Elena）、琳賽（Lindsay）、坎咪（Cammi），以及雙日出版社絕佳團隊裡的其他成員。

Stay True -

Stay True -

致我在台灣的讀者——

非常謝謝你們閱讀《Stay True保持真誠》。

我總是覺得自己作為寫作者、思考者的旅程，始於我在整個一九九〇年代於台灣度過的夏天。那時候的我第一次開始去想身為美國人意味著什麼、身為台灣人意味著什麼，以及這兩種身分如何共存。因此，這本書能在台灣出版，意義重大。

希望曾和我問過同樣問題的人，能在看到這本書之後不再感到那麼孤單。我希望你們享受與我和我的朋友們共度時光。也希望書中關於友誼、家庭和社群等主題，能鼓勵你們在各自的生活中珍惜同樣的事物。

華

推薦文

徐華的手工回憶工程

陳思宏／作家

春天，我在紐約參加文學節，連續幾個作者都跟我推薦徐華的回憶錄*Stay True*。回憶錄通常不在我的閱讀版圖，但實在是收到太多推薦，就在Three Lives & Company書店買了這本。當時這本書剛榮獲普立茲獎，架上一大疊，取書結帳，店員說剛剛讀完這本，好看。書跟著我回柏林，一直沒展讀。夏天打包，準備去美國住三個月，忽然想到這本，或許帶這本去美國？坐在行李旁開始讀第一頁，停不下來。

這是很完滿的閱讀經驗。台裔美國作家徐華的語言精煉，追悼青春、亡友，語言節奏優雅，詞彙精準。我們在台灣，很愛評斷別人「英文好不好」。到底該如何論斷英文高下？評者多自大，或者說，多自卑。徐華以一個內向害羞的台裔美籍青年的角度下筆，行文穩重真摯，字詞有輕重，有快慢，有悲喜，有街頭也有學院，讀來非常過癮。這，無疑，無需輕賤武斷，就是好英文。徐華經歷柏克萊與哈佛的多年養成，知識分子不斷書寫養成的精煉英文，適合朗讀，反覆讀，拆解，讀著讀著，讀出眼淚，飄出氣味，勾勒一群美國大學生的悲歡濃烈慘淡。

整本書是青春輓歌，寫九〇年代，柏克萊大學（後來他去哈佛讀研究所）校園風景，一群大學生的生活切片，作者與台灣父母的移民拉扯，台灣美國兩地，青春迷惘，純真無邪友誼，宿舍風景。這真的很觸動我，我也是九〇年代在輔大台大求學，他書裡提到的音樂、學院哲學思潮、符號，都是我走過的青春。這讓我很意外，我以為美籍台裔作家在加州的成長軌跡，一定跟我這個永靖人的路途有巨大差異，但原來我們都傷逝Nirvana，都愛去唱片行找另類音樂，讀德希達，在自卑中慢慢建立自信，不斷書寫，寫寫寫，一直寫。

徐華寫隨台灣父母回到新竹，在週日收聽ICRT的美國流行音樂排行榜，我立刻把這頁寄給ICRT的老闆白健文（Timothy Berge），跟他說ICRT出現在普立茲得獎作品啦。我在台北跟白健文喝咖啡，說我是聽ICRT長大，週日都會準時收聽American Top 40這個節目，想不到徐華有一樣的廣播成長經驗。

我讀書喜歡記下許多超連結，這本書出現了很多書很多音樂很多人物電影，劃線記下，我都想延伸閱讀聆聽。例如法國電影La Jetée，YouTube上就有全本。我井底，還真是沒看過這部電影。此刻讀台版中譯本，感謝譯者認真做了很多譯注，讓讀者省去搜尋超連結的時間。

我最愛這本書的手工感。作者喜歡手作雜誌（zine），親手挑選音樂做成很多卡帶合輯（mixtape），手寫筆記。整本回憶錄，就是一本手工感很強的青春回憶重建工程。什麼是卡帶合輯？我九〇年代的做法，在燒CD技術出現之前，是選粹我愛聽的幾首歌，從CD轉錄到卡式錄音帶上，做成我個人的音樂品味精選，贈給友人，或者出遊車上聽。我記得有次二姐開車，我們往南，我在車上放著我的卡帶合輯，一路上大家就是被逼著聽我愛聽的奇怪音樂，一直到到鳳飛飛唱的〈望春風〉，後座的媽媽跟著唱。啊，原來我媽會唱這首歌，歌詞記牢，整首都沒唱丟。

我想聽徐華當年的那些卡帶合輯。我猜，這些手工物件，他都沒丟。

作者以文字哀悼大學亡友。這些文字不誇飾不慟哭，很揪心。隨意的街頭殺人犯罪，震盪了一群大學生的青春。好友離世，青春如何繼續純真？

書裡也很多好笑的段落，例如每次出現Björk，我都會大笑，男生宿舍的海報，還有遇到搶劫，皮夾裡的夾層，大家讀就知道，我真是讀到大笑。我聆聽與凝視Björk，總有很多複雜情緒，但從沒大笑，徐華讓我想到Björk就笑出聲。

真心。作者必須真心，自剖，不保留，傻的笨的蠢的，不粉飾，寫出來。在台灣有許多散文真偽辯論，想讀真心行文，請來讀徐華。如此個人私密的傷逝回憶，怎麼會有人讀呢？結果分明有很多人讀，書評佳言群唱，書暢銷，也得了普立茲獎。你若是不真心，為何要邀我們進入你的回憶？真心是標準配備，基本，卻，時常被很多人刻意搞丟。我最怕讀很多名人的回憶自傳，噁心死了。噁心，因為根本不真心。偏偏大家最愛不真心，越虛假的文字雞湯，大家越拼命銘記。假死了，你們花那麼多時間假惺惺，到底累不累。

真心也是我書寫的啟程與抵達，真心織入文字，樂觀相信讀者會收到真誠訊息。作者一片真心，若有人願意閱讀，若能建立連結，若能拉住彼此，若能傾訴彼此的憂傷與失去，若能，如書名，Stay True，保持真誠，沒有變成滿嘴虛假的大人。Stay True是作者與好友的Email通信問候小語，到底，我們要怎麼保持真誠呢？我也沒有答案。或許，文字，書籍，音樂，電影，這些老派的事物，還有庇護真心的功能。還有吧？有，讀完這本作者回憶重建工程，我相信，有。

Stay True.

〔identity〕006

Stay True 保持真誠

Stay True: A Memoir

作者 徐華（Hua Hsu）
譯者 王凌緯
副總編輯 洪源鴻
責任編輯 柯雅云
封面設計 傅文豪
內文排版 宸遠彩藝

出版 二十張出版／遠足文化事業股份有限公司
發行 遠足文化事業股份有限公司（讀書共和國出版集團）
地址 新北市新店區民權路108-3號3樓
電話 02・2218・1417
傳真 02・2218・0727
客服專線 0800・221029
信箱 akker2022@gmail.com
Facebook facebook.com/akker.fans
法律顧問 華洋法律事務所／蘇文生律師
印刷 前進彩藝有限公司
裝訂 祥譽裝訂有限公司

出版 二〇二四年一月——初版一刷
二〇二五年一月——初版四刷
定價 四五〇元

ISBN | 978-626-98019-0-9（平裝）、978-626-98019-1-6（ePub）、978-626-98019-2-3（PDF）

Stay True 保持真誠
徐華（Hua Hsu）著／王凌緯譯
初版／新北市／二十張出版／遠足文化事業股份有限公司
2024.01 ／ 304 面／ 14.8 x 21 公分
譯自：Stay True: A Memoir
ISBN：978-626-98019-0-9（平裝）
1. 徐華　2. 自傳　3. 美國
785.28　　112018597